电子商务专业新形态一体化系列教材

新媒体运营

主　编　郭　明　李海燕
副主编　郭长慧　刘　琼
参　编　吴明霞　王　昕　郭　曼

北京理工大学出版社
BEIJING INSTITUTE OF TECHNOLOGY PRESS

内 容 提 要

本教材坚持立德树人，注重课程思政，内容积极向上，育人导向正确。教材内容对接国家新专业目录、专业教学标准和"1+X 网店运营推广"职业技能等级证书，紧密结合企业岗位最新的新媒体运营方式、运营策略和工作实际，突出理论与实践相结合，强调实践性和应用性，充分反映智慧商业创新型人才培养的新要求。该教材贯彻国家"三教"改革精神，致力于打造数字化新形态教材，开发了丰富的信息化资源；内容编排科学合理，文字表述准确流畅；案例详实，图文并茂，深入浅出；针对中职学生特点，以行动、学习成果为导向，设计了【案例导入】【任务描述】【任务准备】【任务实施】【实战演练】等 5 个方面层层递进的内容呈现形式，从而提升学生学习兴趣，培养学生专业技术技能、适应岗位需求，可实践性强。本教材可以作为网络营销、媒体营销、电子商务、互联网运营相关专业的教材，也可以作为网络营销和新媒体运营培训班的教材，同时适合新媒体从业人员和广大职业院校师生使用。

版权专有 侵权必究

图书在版编目（CIP）数据

新媒体运营 / 郭明，李海燕主编 . -- 北京：北京理工大学出版社，2023.2

ISBN 978-7-5763-2118-0

Ⅰ . ①新… Ⅱ . ①郭… ②李… Ⅲ . ①传播媒介 – 运营管理 Ⅳ . ①G206.2

中国国家版本馆 CIP 数据核字（2023）第 032381 号

出版发行 / 北京理工大学出版社有限责任公司
社　　址 / 北京市海淀区中关村南大街 5 号
邮　　编 / 100081
电　　话 /（010）68914775（总编室）
　　　　　（010）82562903（教材售后服务热线）
　　　　　（010）68944723（其他图书服务热线）
网　　址 / http://www.bitpress.com.cn
经　　销 / 全国各地新华书店
印　　刷 / 定州启航印刷有限公司
开　　本 / 889 毫米 × 1194 毫米　1/16
印　　张 / 14.5
字　　数 / 291 千字
版　　次 / 2023 年 2 月第 1 版　2023 年 2 月第 1 次印刷
定　　价 / 48.00 元

责任编辑 / 龙　微
文案编辑 / 杜　枝
责任校对 / 刘亚男
责任印制 / 边心超

图书出现印装质量问题，请拨打售后服务热线，本社负责调换

PREFACE 前言

党的二十大报告指出："加快发展数字经济，促进数字经济和实体经济深度融合，打造具有国际竞争力的数字产业集群。"随着智能手机的普及和移动互联网的发展，新媒体运营已成为关乎新媒体组织生存和发展的全局性、数字化经营管理活动。本教材较为全面地介绍了新媒体运营基础知识、新媒体运作技能、新媒体运营综合实战等知识。全书共9个项目，包括走进新媒体运营、使用新媒体运营工具、用户运营的方法与策略、产品运营的方法与策略、内容运营的方法与策略、活动运营的方法与策略、微信公众号运营、短视频运营、直播运营等内容。

本教材坚持立德树人，注重课程思政，内容积极向上，育人导向正确。教材内容对接国家新专业目录、专业教学标准和"1+X网店运营推广"职业技能等级证书，紧密结合企业岗位最新的新媒体运营方式、运营策略和工作实际，突出理论与实践相结合，强调实践性和应用性，充分反映智慧商业创新型人才培养的新要求。

该教材贯彻国家"三教"改革精神，致力于打造数字化新形态教材，开发了丰富的信息化资源；内容编排科学合理，文字表述准确流畅；案例详实，图文并茂，深入浅出；针对中职学生特点，以行动、学习成果为导向，设计了【案例导入】【任务描述】【任务准备】【任务实施】【实战演练】等5个方面层层递进的内容呈现形式，从而提升学生学习兴趣，培养学生专业技术技能，适应岗位需求，可实践性强。

教材内容以企业典型工作任务为驱动，确定了从岗位出发、以能力为本位的开发思路，实现了理论知识与企业岗位标准、技能要求的高度融合，为培养技术技能型人才提供支撑。教材由教师与企业专家共同编写，企业专家将行业企业的新技术、新规范融入教材，教师依据教学规律编写教材，双方发挥各自优势，使知识点、技能点、素质点、经验点与企业岗位需求一致，同时教材中融入精益求精、诚实守信、义利并举等商业素养和商业文化，夯实课程思政效果，提升职业素质。本教材精心设计了大量的课堂讨论与实战训练，旨在引导读者发挥主观能动性，切实提高读者的新媒体运营能力。这些栏目的设置能培养读者的独立思考能力，使读者能够在工作中学以致用。

本教材既重视实战操作的技能讲解，也注重实战背后的策略介绍。技能与策略并重有利于读者系统全面地建立自己的新媒体运营知识体系。本教材可以作为网络营销、媒体营销、电子商务、互联网运营相关专业的教材，也可以作为网络营销和新媒体运营培训班的教材，同时适合新媒体从业人员和广大职业院校师生使用。

本书由山东省章丘中等职业学校郭明和青岛外事服务职业学校李海燕担任主编，负责大纲拟定、书稿统稿工作，淄博信息工程学校郭长慧、日照职业技术学院刘琼担任副主编，具体编写分工如下：郭明编写项目1；福建省泉州华侨职业中专学校吴明霞编写项目2；郭长慧编写项目3；李海燕编写项目4；刘琼编写项目5；鲁中中等专业学校王昕编写项目6；济南市工业学校郭曼编写项目7；山东云媒互动网络科技有限公司张健编写了项目8和项目9，并参与了教材的审订工作，保证了教学过程和工作岗位全方位对接。

由于编者水平有限，加之时间仓促，教材中难免存在不妥之处，敬请广大读者批评指正。

编　者

CONTENTS 目 录

项目 1 走进新媒体运营 ... 1
- 任务 1 认识新媒体 ... 2
- 任务 2 认识新媒体运营 ... 8
- 任务 3 探究新媒体运营岗位 ... 16

项目 2 使用新媒体运营工具 ... 27
- 任务 1 图文编排设计 ... 28
- 任务 2 音视频采编处理 ... 38

项目 3 用户运营的方法与策略 ... 53
- 任务 1 分析用户需求 ... 54
- 任务 2 用户运营策略 ... 65

项目 4 产品运营的方法与策略 ... 77
- 任务 1 认识产品运营 ... 78
- 任务 2 运用产品运营策略 ... 89

项目 5 内容运营的方法与策略 ... 103
- 任务 1 内容规划 ... 104
- 任务 2 内容创作 ... 111
- 任务 3 内容推广 ... 117

项目 6　活动运营的方法与策略　　127

　　任务 1　活动运营认知 ………………………………………… 128
　　任务 2　实施活动运营 ………………………………………… 131

项目 7　微信公众号运营　　138

　　任务 1　认识微信公众号 ……………………………………… 139
　　任务 2　微信公众号图文排版 ………………………………… 153
　　任务 3　微信公众号的推广 …………………………………… 165

项目 8　短视频运营　　174

　　任务 1　认识短视频 …………………………………………… 175
　　任务 2　短视频运营 …………………………………………… 189

项目 9　直播运营　　195

　　任务 1　认识直播运营 ………………………………………… 196
　　任务 2　直播筹备与实施 ……………………………………… 204
　　任务 3　直播营销策划 ………………………………………… 212

项目 1
走进新媒体运营

近年来,移动互联网浪潮席卷了整个社会,颠覆了传统的产业格局,并深深地影响了人们的日常生活。移动互联网的发展,不仅促进了报纸、电视等传统媒体的转型,也催生了一种新型的媒体形式——新媒体。新媒体堪称互联网浪潮中的弄潮儿,不断催生新的经济增长点,让大家目睹过去未曾见过的奇异风景。而我们已经成为新媒体时代的见证者。本项目主要对新媒体及新媒体运营进行简单介绍,进而探究它的发展机遇。

学习目标

【素质目标】
1. 树立创新意识、创新精神,能够创新新媒体运营思维;
2. 具备正确的价值观,服务社会,开展积极向上的新媒体运营活动;
3. 践行社会主义核心价值观,树立精益求精、甘于奉献的工匠精神;
4. 养成诚实守信、遵纪守法的习惯,合法从事新媒体运营活动。

【知识目标】
1. 理解新媒体的概念和特点;
2. 理解新媒体运营的含义;
3. 了解新媒体运营的条件;
4. 明确运营和营销的关系。

【技能目标】
1. 正确区分新媒体和传统媒体;
2. 正确区分新媒体和自媒体;
3. 分析并能够拥有创新新媒体运营思维。

任务1 认识新媒体

实习生招聘 | 新媒体运营

【岗位职责】

1. 负责新媒体内容运营，规划新媒体的内容策略；
2. 负责B站、今日头条、抖音、知乎、小红书等平台的用户运营和内容分发；
3. 定期策划线上活动，建立粉丝黏性，提高活跃度等；
4. 定期形成数据分析报告，结合数据及用户反馈调整新媒体运营策略。

【任职要求】

1. 大专及以上学历，传媒、广告、电子商务、市场营销等专业优先；
2. 熟悉新媒体，会使用Photoshop（以下简称"PS"）、Premiere、剪映等图文视频编辑软件的优先；
3. 有独立运营B站、今日头条、抖音、知乎、小红书等社交媒体经验的优先；
4. 热爱文案写作、热衷视频分享，有创作激情、沟通能力强的优先；
5. 全职实习，每周能出勤5天，能连续实习6个月及以上。

工作地点：济南

表现优异可提供转正机会！

任务描述

看到这则招聘启事，有很多同学在学习过程中会问：什么是新媒体？新媒体"新"在哪儿呢？在本任务中，我们将探究新媒体的特点以及新媒体与传统媒体、自媒体的不同，进而对新媒体有一个全方位的认知。

任务准备

1. 什么是新媒体

21世纪以来，数字经济及世界互联网的迅速发展深刻改变了人们的生活方式和思维方式，在很大程度上影响着经济环境和商贸活动，也产生了很多新生事物，新媒体便是其中之一。

虽然新媒体全面影响我们的生活是在近几年，但新媒体的概念早在1967年就出现了。时任美国哥伦比亚广播电视网技术研究所所长的戈尔德马克首先提出了与传统媒体相对的"新媒体"概念。新媒体的概念自从20世纪60年代被提出以来，一直在不断地发展变化。联合国教科文组织则把新媒体定义为"以数字技术为基础，以网络为载体进行信息传播的媒体"。

国内有学者认为，新媒体的内涵和外延在不断延伸，在传统互联网和移动互联网之外还出现了其他新的媒体形态，凡是跟计算机相关的都可以被视为新媒体。

作为普通大众，在提及新媒体时，往往会相对于传统媒体进行定义。传统媒体又是什么呢？大家可能第一时间会想到"报纸""广播"和"电视"，于是新闻客户端相对于报纸就是新媒体，直播平台相对于广播就是新媒体，智能电视相对于电视就是新媒体。常见的新媒体形式还有门户网站、电子邮件、个人博客、微信、微博、微信公众号、微信朋友圈、新闻客户端、抖音、快手等。这些都是相对于传统媒体进行数字化升级变化而来的，所以被称为新媒体。

一般来说，我们可以这样定义新媒体：利用数字技术，通过计算机网络、无线通信网、卫星等渠道，以及计算机、手机、数字电视机等终端，向用户提供信息和服务的传播形态。

新媒体有狭义和广义之分。狭义的新媒体是指与报纸、广播、电视等传统媒体不同的一种新的媒体形态，包括互联网媒体、移动互联网媒体、数字电视、博客、微博、微信等形态；广义的新媒体是指在各种数字技术与互联网技术的支持下，通过计算机、手机、数字电视机等一切互联网终端向用户提供信息或服务的新的媒体形态。

运营案例

小红书是一个生活方式平台和消费决策入口。在小红书社区，用户通过文字、图片、视频笔记的分享，记录了这个时代年轻人的正能量和美好生活，小红书通过机器学习对海量信息和人进行精准、高效匹配。小红书旗下设有电商业务，2017年12月，小红书被人民日报评为代表中国消费科技产业的"中国品牌奖"。

2021年12月22日，小红书CMO（首席媒体官）之恒在小红书商业生态大会上提到，根据小红书数据中台数据，截至2021年11月，小红书平台用户中，72%是"90后"，50%处于一二线城市。相关统计数据显示，截至目前，小红书月活跃用户已超过2亿，其中，"90后"等年轻群体的占比达到72%。

（资料来源：中研网．小红书宣布月活达2亿[EB/OL]．[2021-12-22]. https://www.chinairn.com/hyzx/20211222/13420585.shtml）

2. 新媒体的特点

以数字技术为代表的新媒体，其最大特点是打破了媒介之间的壁垒，消融了媒体介质之间，地域、行政之间，甚至传播者与接受者之间的边界。新媒体主要表现出以下几个特点：

（1）媒体个性化突出。

由于技术的原因，以往所有的媒体几乎都是大众化的。而新媒体却可以做到面向更加细分的受众，可以面向个人，个人可以通过新媒体定制自己需要的新闻。也就是说，每个新媒体受众手中最终接收到的信息内容组合可以是一样的，也可以是完全不同的。

（2）受众选择性增多。

从技术层面上讲，在新媒体那里，人人都可以接受信息，人人也都可以充当信息发布者，用户可以一边看电视节目，一边播放音乐，不仅能参与对节目的投票，还可以对信息进行检索。这就打破了只有新闻机构才能发布新闻的传统模式，充分满足了信息消费者的细分需求。

（3）表现形式多样。

新媒体形式多样，各种形式的表现过程比较丰富，可融文字、音频、画面为一体，做到即时地、无限地扩展内容，从而使内容变成"活物"，如图1-1所示抖音短视频平台。理论上讲，只要满足计算机条件，一个新媒体即可满足全世界的信息存储需要。除了大容量之外，新媒体还有"易检索性"的特点，可以随时存储内容，查找以前的内容和相关内容非常方便。

图1-1 抖音短视频平台

（4）信息发布实时。

新媒体实现了无时间限制，随时可以加工发布信息。新媒体用强大的软件和网页呈现内容，可以轻松实现24小时在线。新媒体交互性极强，独特的网络介质使信息传播者与接受者的关系走向平等，受众不再轻易受媒体"摆布"，而是可以通过新媒体发出更多的声音，影响信息传播者。

任务实施

活动一：区分新媒体和传统媒体

新媒体的本质是一种媒体，关键在于一个"新"字。与传统媒体相比，新媒体的

"新"主要体现在以下几个方面。

1. 实现了信息的双向传播

传统媒体是信息传播者单方面发出信息，受众只能被动接受而无法有效回馈。新媒体的互动性很强，传播者与受众不再壁垒分明，每个人既是传播者又是受众。

2. 信息传播不再局限于固定场所

移动互联网的出现让新媒体的传播变得更加无孔不入。只要有智能手机，人们就可以在互联网上冲浪。因此，人们上网的时间比过去大大增加，信息覆盖水平也远超以往。

3. 传播行为个性化

传统媒体具有很强的专业性和垄断性。但在新媒体时代，人人都可以制作和传播新闻快讯。特别是微博、微信等新媒体平台，让每个人都能变成内容制作中心和信息传播中心。图1-2所示为电子商务研究中心微信订阅号。

4. 实现了即时传播

传统媒体要派出记者采访，然后由记者写报道，部门审核报道，最后再发出来。除了只有一句话的新闻快讯外，传统媒体发布的信息还存在一定的滞后性。新媒体则不同，可以随拍随传。

5. 传播内容多元化且充满原创性

传统媒体基本不报道没有新闻价值的内容。而新媒体的内容多种多样，且拥有大量原创内容，因此可以成为人们展示自我的有力平台。

图1-2 电子商务研究中心微信订阅号

【练一练】

表1-1中哪些是新媒体，哪些是传统媒体？请将对应的媒体类型填在表中。

表1-1 区分新媒体和传统媒体

媒体名称	媒体类型	媒体名称	媒体类型
腾讯网站		个人博客	
网易邮箱		个人微博	
专业论坛		个人微信	
车载电视		微信公众号	

续表

媒体名称	媒体类型	媒体名称	媒体类型
环球时报新闻客户端		广播电台	
楼宇广告		地铁广告屏	
PTV（交互网络电视）		科技博客	
数字电视		移动端"今日头条"	

活动二：探究新媒体与自媒体

1. 概念不同

新媒体是相对传统媒体而衍生出的概念，即新技术支撑体系下出现的媒体形态，如数字杂志、数字报纸、数字广播、移动电视、桌面视窗、数字电视、数字电影、触摸媒体、手机网络等。相对于报刊、户外、广播、电视四大传统意义上的媒体，新媒体被形象地称为"第五媒体"。

自媒体又称为"公民媒体"或"个人媒体"，是指私人化、平民化、普泛化、自主化的传播者，以现代化、电子化的手段，向不特定的大多数或者特定的单个人传递规范性及非规范性信息的新媒体的总称。

自媒体的"自"有两层含义，一是全民化，即自己发声，自己给自己代言，每个人都可以通过互联网平台发表自己的看法，传播自己的思想；二是个性化，即自由度更强，自媒体具有更强的自主权，更强的自由化，而这种自由化也打破了传统媒体"一言堂"的垄断。图1-3所示为滴水公益官方博客。

图1-3 滴水公益官方博客

2. 运营模式不同

新媒体一般都是通过平台打造企业形象，比如利用官网、公众号来树立品牌形象，对应的一般是用户和订阅者。而自媒体最大的一个特点便是"个人"，即利用平台打造个人品牌，对应的人群则是个人粉丝。

不过，自媒体平台上做内容创作的，可能并不都是个人，也有很多的新媒体运营在自媒体平台上进行品牌的宣传、行业领域的干货知识分享等，因此我们也可以得出结论：自媒体运营也属于新媒体运营。

3. 自主权不同

新媒体更多的是用来打造品牌形象的，所以新闻的来源以及文案的阐述自然不能太随便。但是自媒体就相对自由一点，拥有相对更大的话语空间与自主权，可以比较自由地表达自己的观点。

4. 营利模式不同

新媒体旨在打造一个可以给别人提供信息交流和互动的平台，通过会员、广告位、信息费等方式营利。而自媒体旨在打造一个有用户黏度和个人魅力的形象，通过软文、广告产生利润。

不管是新媒体还是自媒体，现在都是比较主流的存在。新媒体是形态，是载体，是工具，是传播的手段和渠道；自媒体是内容，是信息，是品牌，是想要传播出去的价值。

两者有区别，也相辅相成，没有新媒体的发展和技术支持，自媒体是无法诞生的；而没有自媒体的内容创作，新媒体也无法得到良好的发展。

实战演练

请在表1-2中写出你最常看的5种媒体，然后找出它们的官方微博ID与微信公众号ID。

表1-2 媒体官方微博ID及微信公众号ID

序号	媒体名称	官方微博ID	微信公众号ID
1			
2			
3			
4			
5			

任务2　认识新媒体运营

为了顺应时代的发展，传统企业纷纷通过新媒体平台来进行新媒体运营。在美妆领域中，各品牌使出了浑身解数，结合多种运营手段不断推广自己，以在广大用户心中留下深刻的印象，从而形成良好的流量转化，使销量和知名度都节节攀升，"完美日记"就是其中的典型代表。

"完美日记"是一个小众美妆品牌，于2016年正式成立，2017年在天猫开设了官方旗舰店。在美妆市场由海外美妆品牌占据大份额的情况下，"完美日记"凭借其全方位的运营策略异军突起，成为美妆品牌的新兴势力。"完美日记"在市场调查与消费者分析的基础上，确定了以内容为主导的新媒体运营策略，并分别通过不同的新媒体平台来进行品牌的推广，其中最主要的就是"小红书"这个生活分享平台。"完美日记"入驻"小红书"后从4个方面进行了品牌和产品推广：一是自产"笔记"（小红书中的内容分享形式），以美观的店铺装修、专业的内容生产、趣味的美妆分享等吸引用户的注意；二是邀请普通用户发表来自他们的使用感受，通过生活化和真实的美妆应用来引起用户的共鸣，增加用户对品牌的信任；三是联合美妆关键意见领袖（Key Opinion Leader, KOL）发表专业的产品测评和对比内容，以专业性来增强消费者的购买欲望，增加忠实用户；四是邀请了"小红书"中热爱分享的知名人士推广其产品，通过知名人士的粉丝效应和广泛传播力来扩大传播范围。全方位的运营策略打响了"完美日记"新媒体运营的第一战，其用户数量和品牌知名度都得到了很大提高。

此外，"完美日记"还充分结合其他新媒体平台来进行运营，如在抖音、B站等发布短视频。这些短视频平台的用户数量巨大、消费力惊人，且其年轻化的用户特征也正好符合"完美日记"的主要消费人群。通过与短视频平台的带货"达人"合作，以视频来展示产品的特点，"完美日记"在美妆市场中的地位越来越稳固。"知乎"这个国内相对专业的知识问答平台，也没有被"完美日记"忽略。"完美日记"在"知乎"上以专业的态度解答用户对产品功效、实用性等方面的疑问；同时，邀请美妆"达人"推广其产品，增加了用户对"完美日记"的信任度。

当然，对微博这个聚集了流量与热度的新媒体平台，"完美日记"也加大了运营力度。"完美日记"邀请了 KOL 带话题发送图文、视频等微博，以专业内容营造热度，然后邀请知名人士代言，以知名人士的影响力扩大其知名度。全方位的运营使"完美日记"获得了很多的忠实用户，其销量也逐年增加。2018 年天猫"双 11"，"完美日记"在开场 1 小时 28 分钟后就成为天猫商城首个成交破亿的美妆品牌，2019 年 1 月的月销售排行甚至超过了资生堂、迪奥、纪梵希等国际品牌，位列第七。

任务描述

党的二十大提出："加快发展数字经济，促进数字经济和实体经济深度融合，打造具有国际竞争力的数字产业集群。"互联网和数字技术的发展催生了更符合当前用户需求的新媒体。新媒体打破了各媒介之间的壁垒，消除了信息传播者与接收者之间的界限，为个人和企业提供了更加广阔的运营空间，新媒体运营因此也应运而生。新媒体运营是更加符合当前网络环境的主流运营方式，新媒体运营人员需要了解和掌握其相关知识，构建完整的新媒体运营的理论知识体系，才能为具体操作打好基础，从而提升运营效果。

任务准备

1. 什么是新媒体运营

企业的发展离不开运营，运营其实是围绕商品管理而展开的一系列计划、组织、实施和控制，是与产品生产和服务密切相关的各项管理工作的总称。运营人员只有了解并掌握新媒体运营的相关知识才能更好地为企业发展服务。

新媒体运营，是借助移动互联网技术，利用抖音、快手、微信等新媒体平台工具进行产品宣传、推广、营销的一系列运营活动。新媒体运营者通过策划品牌相关的优质、高度传播性的内容和线上活动，向客户广泛或者精准推送消息，提高参与度，提高知名度，从而充分利用粉丝经济，达到相应营销目的。

另一种比较常见的表述是："新媒体运营指的是内容运营、活动运营、产品运营和用户运营四大模块的总称。"在实际运营工作中，这四大模块之间往往没有清晰的边界，各项工作存在交叉。

2. 新媒体运营的基本条件

（1）用户众多。

如果是微信运营，就要先看微信好友数量，如果微信好友有几千人，与只有几百个微信好友的账号相比，运营比较容易成功。微博也是如此，如果账号加 V，运营起来就比较容易成功。如图 1-4 所示为光明日报官方微博号。

图 1-4　光明日报官方微博号

（2）知识面广。

运营人员的知识面越广，越能对网站的发展趋势与发展脉络进行深入了解，越能实现成功运营。

（3）充分互动。

运营人员要站在用户的立场上与用户进行充分的交流互动，充分考虑问题，切实提升用户体验。

【议一议】

互联网和数字技术的发展使传统媒体（如报纸、杂志等）受到了很大冲击，新媒体这种基于当前网络环境和用户碎片化阅读需求的媒体逐渐成为重要媒体，并为企业的运营提供了全新的方式，为企业产品或品牌的运营推广提供了新的平台（如微博、微信、社群等）。在新媒体环境下，运营人员只有先了解并掌握新媒体的相关知识，再做好准备工作，才能做好新媒体运营服务。

讨论：

（1）谈谈你对电视广告、报纸广告的看法。

（2）目前你在网上看到最多的运营推广方式是什么？

（3）你获取信息的主要途径是什么？常用的搜索引擎是什么？

任务实施

活动一：区分运营和营销

1. 运营和营销的相同点

运营和营销这两个名词，早在互联网诞生以前就存在了，而且就价值、运作方式来看，有很多相同点。

（1）作用相似。

运营和营销的作用都是连接产品和用户的渠道。在两种经营方式中，执行者都需要充分挖掘产品特色，并通过推送内容，让用户对产品有足够的了解。为了提高用户转化率，二者都要定期处理用户的反馈，然后与产品研发或采购部门沟通，以改善用户体验。

（2）环节、细节重合多。

许多企业在新媒体部门设置了设计、推广、文案、客服等岗位，新媒体运营和营销都离不开此类岗位，也就是说二者在运行环节上有重合。落实到细节上，它们也有很多重合之处。例如，一家家电公司要推出新款电器，所进行的一系列运作就不能简单概括为运营或营销活动，因为既有运营动作，如设计海报、撰写公众号文章等；也有营销动作，如挖掘产品卖点、给产品定价等。

2. 运营和营销的不同点

有些人认为新媒体运营就是新媒体营销，二者虽然只有一字之差，但是在新媒体领域，二者还有许多差别。

（1）营销重策略，运营重细节。

营销的工作重点是策略，优秀的策略是营销成功的关键。例如，海尔的维修团队乘飞机给用户维修冰箱，此举虽然看似浪费，却为海尔赢得了口碑，这是海尔能够赢得用户信任的关键。运营的工作重点是把控细节，如果忽视了细节，策略可能不会奏效。例如，宣传海报上没有加二维码就会影响销售效果。

（2）运营重内部，营销重外部。

新媒体运营比较注重内部工作，例如选题规划、账号管理、数据分析、内容推送等。新媒体营销则比较注重对外工作，例如用户分析、用户跟进、产品分销等。新媒体运营者在自身的不同发展阶段，可侧重采用运营或营销，以避免重复造成的浪费。

（3）导向差别。

检验新媒体营销的成果，需要参考营销结果的数据，但是评判新媒体运营的效果则需要更多的标准，除了要衡量营销结果之外，还要看内容的阅读量、用户数据，既要考虑短期指标，还要考虑如何平衡成本预算，这样才有利于公司的长远发展。例如，一家公司衡量其新媒体运营的指标有销售额、转化率、粉丝数、阅读量、点击率、好评率等，其中好评率是该公司关注的重点。

可见，企业或个人想要靠新媒体推动自身长远发展，就要有运营的思维。若只关注营销的结果，则很有可能后续乏力。

【练一练】

表 1-3 中，哪些是运营活动，哪些是营销活动？请分好类，填入表格空白处。

表 1-3　新款 T 恤活动拆解

活动内容	运营活动 / 营销活动
挖掘新品卖点	
设置 T 恤定价	
撰写公众号文章	
策划促销活动	
寻求分销渠道	
检测公众号文章数据	

活动二：整合新媒体运营思维

新媒体的火爆吸引了越来越多的个人和企业，新媒体运营的市场竞争也越来越激烈，要想突出重围、获得竞争优势，新媒体运营人员必须在已有的运营方法和经验基础上不断创新思路。只有拥有能够适应不断变化的运营环境的思维，才能更好地打开新的运营通道和市场。在目前的新媒体环境下，新媒体运营的常见思维主要有用户思维、品质思维、品牌思维和平台思维，下面分别进行介绍。

1. 用户思维

用户思维是新媒体运营的核心思维，用户需求永远是运营工作的向导，因此，企业在开发、研制、运营任何一款产品或提供服务时，都应该以用户为核心。

（1）用户需求的挖掘。

用户思维要求企业在运营过程的各个环节都要以用户为中心，在深度理解用户的基础上挖掘用户需求，解决用户的问题。而在挖掘用户需求的过程中，有 3 个比较核心的问题，即市场定位、品牌和产品规划、用户体验。研究这 3 个问题，实际上就是研究目标用户是谁，目标用户的需求是什么，产品和品牌应该怎样满足用户的这些需求。

挖掘用户需求的方法有很多种，较为常用的是用户分析。通过对用户心理、用户特征、用户信息等的搜集与分析，发现用户未被满足的需求、急需解决的问题等。同时，企业还可通过为用户提供个性化的服务精准地满足用户需求，提升用户的参与感，将用户进一步变成粉丝。粉丝比用户的忠诚度更高，且会为品牌投注感情因素，是企业最优质的目标消费用户，品牌更需要粉丝。

（2）用户思维的运营。

用户思维的运营是一种更加人性化的运营，它能够找到用户心理的共同点、卖点和痛点，更容易提升运营效果。

运营用户心理的共同点是找到用户群体的共同特征，然后针对他们的共同心理将产品推广出去，吸引用户主动汇聚；运营用户卖点相当于运营用户口碑，在产品的不同阶段可以打造不同的口碑重点，如小米前期面对专业级用户的口碑是"为发烧而生"，如图1-5所示。运营后期面对大部分普通用户的口碑则是靠"黑科技"；运营用户痛点是指强调现有设计的落差，满足用户的期望，让用户感觉他们需要这个产品。

图1-5 小米"为发烧而生"

2. 品质思维

在任何运营环境中，品质永远是产品的主要价值，特别是互联网经济下，把产品、服务和用户体验做到极致，超出用户预期，企业才能保持恒定的竞争力。

（1）产品品质。在互联网经济中，大多数产品都处于供大于求的状态。在市场比较饱和的情况下，企业如果不能保证产品品质，将很难在市场中站稳脚跟。互联网经济时代的竞争是用户认知的竞争，是粉丝的竞争，用户对品牌、产品的认知，很大程度上决定了他们的消费观念。无法得到用户认可的产品难以传播，所以企业必须提升产品的价值和内涵，向精细化发展。

（2）服务品质。互联网环境下的目标用户需求更加个性化，这也意味着用户需求更难以满足。对于企业而言，必须准确抓住用户需求，提供更极致的产品和服务，这样才能引发产品和品牌的传播。新媒体时代，用户会主动对好产品进行口碑传播。因此，除了产品品质之外，服务品质也是品质思维的重点，甚至对于很多无法在品质上超越竞争者的产品而言，服务才是运营成功的关键。

3. 品牌思维

品牌是企业价值的体现，是用户对企业及其产品、售后服务、文化价值的一种评价和认知。企业与竞争对手之间的竞争，实际上就是品牌的竞争。品牌知名度、美誉度是企业保持长期竞争力的内在动力，甚至现在很多运营渠道、促销模式的选择，都是建立在品牌影响力的基础之上的。

（1）营造品牌概念。

品牌直接影响用户对产品的认知、认可和评价，用户通常会优先选择品牌知名度、美誉度更高的产品。在这种情况下，品牌影响力越大，用户黏性就越高，忠诚度也会越高。在用户心中营造品牌概念是为了给用户树立一个鲜明的、独一无二的品牌形象，打造品牌的独特价值，吸引用户关注，让用户认可品牌。企业在设计品牌时需要定位清晰，要符合市场需求和用户需求，可以从产品和策略的角度来进行分析。

①产品分析。产品分析应该围绕产品进行，好产品才能支撑起有影响力的品牌。产品特点、卖点、功能、形象、服务等都可以作为品牌特色打造。

②策略分析。策略是指打造品牌的差异化，通过细分市场满足用户的个性化需求，从而获得独特的品牌优势。

（2）品牌宣传。

品牌要被用户知晓就需要进行宣传，运营人员可以通过传统媒体和新媒体平台两种方式来进行宣传。

①传统媒体宣传。报纸、杂志、电视、广播等传统媒体虽然优势没有新媒体明显，但在当前环境下与新媒体结合进行宣传仍可达到一定的宣传效果，扩大宣传的覆盖面。

②新媒体平台宣传。通过新媒体平台宣传是目前推广的主要方式，且其成本相对传统媒体更低。因此，更多的企业和品牌开始转战新媒体平台，微博、微信等社会化媒体成了宣传品牌的主要平台。

不管使用哪种宣传方式，只有真实、新颖、个性或具有创意的宣传口碑传播的效果才会好，这也对品牌口碑传播的策划提出了更高的要求。

4. 平台思维

新媒体运营的平台几乎都是社会化媒体平台，用户可参与创造或单独创造内容，这就要求企业要善于利用新媒体平台与用户沟通，再通过新媒体平台实现运营推广。平台思维是现在非常主流的运营思维，可以帮助企业重塑与用户之间的沟通关系，重塑组织管理和商业运作模式，改变企业生产、销售、营销的整个形态。

（1）使用新媒体平台。

当今时代，人人都是自媒体，口碑传播在新媒体平台可以产生巨大的裂变效果，为企业带来十分可观的运营收益。通过自媒体的形式，企业可以建立产品与用户的连接，促进产品在用户的社交圈传播，实现产品和品牌的裂变式推广。如餐饮行业中口碑营销的佼佼者海底捞。

海底捞秉承"顾客至上，服务至上"的宗旨，凭借其细致的服务获得了用户的良好赞誉。用户通过微博、微信等新媒体平台分享了海底捞的服务细节和愉悦的消费体验，引发了网友对海底捞的热烈关注和讨论，达到了通过用户的口碑传播实现品牌形象的塑造与宣传的目的，建立了其在餐饮界的重要地位，如图1-6所示。

图 1-6　海底捞口碑营销

（2）众包协作。

众包是在互联网下诞生的产物，它强调社会差异性、多元性带来的创新潜力，强调从外部吸引人才参与创新与合作。众包蕴含着"携手用户协同创新"的理念，让产品设计由原来的以生产商为主导转向以目标用户为主导，延伸创新边界，借助社会资源来提升自身的创新与研发实力，通过用户的参与让产品更具吸引力，更容易适应市场需求并获得利润。众包是以"蜂群思维"和层级架构为焦点的互联网协作模式，小米手机在研发中让用户参与实际上就是一种众包模式。

实战演练

请在表 1-4 中写下你平时最喜欢的 5 个新媒体账号，并简单说明喜欢它们的理由。

表 1-4　新媒体账号

序号	账号名称	喜欢的理由
1		
2		
3		
4		
5		

任务3　探究新媒体运营岗位

发展新媒体不可缺哪些人？

对于新媒体运营公司来说，一个能力全面的运营团队的重要性不言而喻。但是我们必须要面对一个现实，很少有运营专员能同时具备好几项能力，并且没有短板。一个完整的新媒体运营团队通常由这四类核心运营人才组成：资源获取型、数据分析型、项目运营型、文案编辑型。各有优势劣势，把他们组合起来，便能成就一支全面的运营队伍。如图1-7所示。

图1-7　新媒体核心运营人才

资源方面，需要获取用户资源、媒体资源、行业资源、渠道资源等；数据方面，需要产品经理、数据分析师、交互设计师、软件工程师、系统维护工程师；运营方面，需要用户维护专员、流量推广专员以及渠道拓展专员；编辑方面，需要移动客户端编辑、社交化媒体编辑、新闻可视化编辑。

任务描述

新媒体技术出现于20世纪中后期，以计算机和网络技术的应用为科技基础和最主要的标志。与传统媒体相比，新媒体具有互动性、主动性、移动性、多元性、开放性等特点。很多企业开始设立新媒体中心，借助新媒体技术进行宣传推广、品牌建设等活动。专门从事新媒体运营的公司也应运而生，且呈快速增长趋势。鉴于此，市场上对新媒体从业人员的需求也越来越多。企业到底需要什么样的新媒体从业人员？他们应该掌握哪些必备的知识与技能？

任务准备

近年来,新媒体运营平台层出不穷,新媒体运营技术日新月异,这对新媒体运营者提出了更高的综合能力要求。新媒体运营的目的是能够为企业产生实际效益,就是我们俗称的实现转化。因此学习者不能闭门造车,而是要与时俱进,有针对性地学习和提升自己的岗位能力。新媒体运营岗位能力包括以下几项。

1. 文字表达能力

新媒体运营需要把品牌理念和产品信息宣传出去,这就需要良好的文字表达能力来传达品牌信息。对新媒体运营者来说,几乎所有的工作都要依靠文案去完成。无论新媒体运营的内容是文章、图片、音频还是视频,都需要有文案去支撑。目前各大新媒体运营平台还是以内容为王,所以能否输出优质内容很重要。

所谓优质内容,就是用户喜欢,看了为之点赞、转发、传播的内容。这些内容"有颜、有趣、有用"。平台通过优质内容的输出和传播实现涨粉、实现变现。可以说,文字表达能力是新媒体运营人员最为核心的能力。

新媒体运营文案创作有四个出发点。

(1)根据产品写文案。

创作文案前首先要明确"产品适用的目标人群、产品能解决的问题、产品的卖点有哪些"等信息。然后用文案把这些信息准确地表达出来。

(2)根据运营推广的步骤写文案。

新媒体运营的每个阶段所需文案的目的是不一样的。在写文案之前,创作人员需要提前明确文案在整个推广计划中的作用和目的。这样才算是一个有效的文案。

(3)根据用户写文案。

文案是面对用户的,因此创作人员必须清楚"目标用户是谁?他们关心什么?如何切中用户的痛点?"

(4)根据渠道写文案。

不同平台对文案的要求也有所不同。因此创作人员需要清楚"这个平台能放多少字?这个平台的用户偏好哪种类型的文案?用户会在什么样的情境下阅读文案?"。

上述这些因素都会影响到文案最终的转化效果。新媒体运营想要保持长期的活力,必须不断输出优质内容,让读者能够被优质内容所吸引,从而提升读者内心获得感。

2. 项目管理能力

一个项目能够很好地推进和完成,一定是提前计划的,需要团队间的沟通、协作和执行,事后的反馈也是必不可少的一个步骤。因此,新媒体运营者需要具备一定的项目管理能力。

新媒体运营中的项目管理常被等同于活动策划与管理，项目的推进通常需要计划、沟通、协作、执行、反馈等步骤。但是新媒体运营中的项目管理不仅是针对活动的策划与管理，事实上新媒体运营中的任何一项工作都需要进行项目管理。如发布一篇推广文案，新媒体运营人员需要完成如下几项工作：

（1）制作进度表，规划出文案发布的每个环节所需要的执行者、截止时间等细节。

（2）整理文案需求并与编辑充分沟通。

（3）创作文案时，运营者需要随时关注并提供相关素材。

（4）文案完成后，运营者需要与推广专员沟通，布局推广渠道。

（5）监控推广效果，随时优化并做好复盘。

以上一系列活动都需要新媒体运营者建立在统筹规划的基础上来完成。

3. 人际沟通能力

新媒体运营不是个人能够独立完成的工作，需要多渠道、多部门进行沟通。一方面，需要进行内部沟通，将文案需求、设计需求、产品功能需求等准确传达给各部门；另一方面，需要和客户沟通，随时了解客户需求并反馈。

新媒体运营的工作内容是要将思想和需求准确传达给同事或者相关部门，对客户要做好简单明了的表达。

4. 用户洞察能力

用户的心理活动都有一个发生、发展、消失的过程。新媒体运营人员要了解和分析用户的心理现象，生产出刺激用户需求的优质内容。因此，新媒体运营人员要定期或不定期进行用户画像分析，这样才能做好新媒体运营工作。如果用户画像不清晰，那么在内容运营、营销的过程中甚至是商业模式上就会产生很多问题。

企业新媒体的平稳发展得益于日常的稳定运营，而企业新媒体的跨越式提升通常来自阶段性的爆发式运营，如一篇"10万+"爆文、一次"刷屏级"H5等。

爆发式运营表面上看是由于巧妙的创意或独特的思路，但深层次的原因是对用户的洞察。爆文之所以"10万+"，是由于点破了用户的内心情感，从而获得了他们的认同；而H5之所以刷屏，也是因为满足了用户的炫耀、跟风、猎奇等心理，从而被疯狂转发。

【练一练】

请找到一篇你最近转发过的文章，分析一下这篇文章是怎样打动你的以及转发的原因。

5. 热点跟进能力

新媒体的受众与报纸、电视等传统媒体的受众不同，以年轻人居多。因此，新媒体运营者必须随时关注热点并及时跟进。当然，也不要一味盲目追求热点，必须将热点和企业定位相结合。如果一味追求热点本身而不注重企业与热点的关联，就很有可能会出现"网友一笑而过，并不买单"的情况。因此在跟进热点时，新媒体运营者必须将热点与企业定位相结合。

6. 渠道整合能力

新媒体运营人员通常会面对两类渠道：一类是企业内部渠道，包括线下门店、线下广告牌、线上账号等；另一类是企业外部资源，如外部合作公司、线上相关行业网站、微信公众号等。

新媒体运营人员只有懂得渠道整合、借助更多资源的力量推进新媒体工作，才有可能将运营效果最大化。特别是如果在运营中多尝试与外部渠道跨界创意合作，更会使网友眼前一亮。

7. 数据分析能力

这是一个靠数据说话的时代，数据思维要贯穿新媒体运营的方方面面。如今，新媒体运营面临的数据越来越繁杂。新媒体运营就要通过数据分析，比如文章的注册用户、阅读数、点赞数、评论数等，通过这些分析出背后消费者的年龄、爱好、阅读习惯、对品牌的偏好等。把这些数据反馈给品牌，品牌再通过数据调整内容、产品、转化路径，不断地优化提升品牌。

任何运营都少不了数据分析。但是除百度、阿里巴巴等大型互联网公司外，专门设置"新媒体数据分析师"岗位的企业并不多。因此，新媒体运营者通常需要担当数据分析师的角色，懂得基本的数据分析，会使用Excel或更专业的数据分析工具进行数据预设、过程监控、数据总结等处理。同时，新媒体运营经理、总监等管理岗位除了分析运营数据本身外，还需要对团队业绩、员工绩效等进行分析与考核。

以上能力是现阶段绝大多数企业对新媒体运营岗位的能力需求。需要强调的是，不同时期的企业对新媒体运营岗位的能力要求有所区别。如2000年左右，从事新媒体运营的人必须掌握论坛营销技巧；2007年前后，新媒体运营者的必备能力是人人网、开心网等社交网站账号的运营；而到了2021年，微博运营、微信运营成为新媒体运营的必备技能；今后新的新媒体平台或工具出现，企业对新媒体岗位的能力要求又会有新的变化。

【议一议】

现阶段，为什么企业新媒体运营岗位的招聘要求中几乎没有对邮件群发、企业论坛、在线聊天室运营等能力的要求？

任务实施

活动一：确定新媒体运营岗位

从整个职业发展阶段看，新媒体运营岗位包括新媒体运营专员、新媒体运营主管、新媒体运营总监，每个岗位对应的工作内容和侧重点自然也是不同的。

1. 新媒体运营专员

相对于传统媒体而言，新媒体创新利用数字技术，通过网络渠道以及计算机、手机等终端，向用户提供信息和娱乐的传播形态和媒体形态，包括手机媒体、IPTV 等，到微博、人人，甚至微信、豆瓣等。而新媒体运营，就是指以新媒体为一个平台，通过运作新媒体的方式进行营销。

企业新媒体运营专员的岗位职责如下。

（1）网络媒体信息推广，包括企业新闻事件、行业相关信息等内容的发布传播。

（2）自主网络媒介平台的开发与维护，运作官方网站、微博、微信，确保人气的提升。

（3）根据上级方针，在微博、微信上创意性地开展活动。

（4）根据公司品牌策略，结合网站、微博、微信各自的特性，寻找能引起传播的话题，促进粉丝互动，其中包括操作其他官方新媒体的联合推广等。

（5）与公司其他部门沟通配合，搜集汇总粉丝的意见反馈和批评建议，及时反馈给相关部门负责人，了解粉丝需求并挖掘需求，掌握行业内的最新资讯，提供有质量的内容。

（6）定期收集整理运营数据反馈给相关部门负责人。

企业新媒体运营专员的素质要求如下：

（1）热爱互联网，熟悉各种 Web 3.0 产品应用；对微博、SNS、博客、论坛等产品有浓厚兴趣或深刻认识，并且善于把握用户的各层次需求。

（2）有较强的洞察力和创新能力，具有一定的敏感性，善于把握最佳的发布时机。

（3）注重团队合作；善于沟通，富有创意，有服务精神。

（4）具备良好的数据分析能力、语言及文字表达能力、跨团队协作能力。

（5）勤劳肯干，能够承担较大工作压力，并且能按时完成上级交代的工作事项。

（6）具有较强的规划、分析能力和创新意识，敏感地对待产品和数据的运营，思维清晰而有条理。

（7）具备良好的职业素质和敬业精神。

新媒体运营专员又分为四个模块，分别是内容运营专员、活动运营专员、产品运营专员以及用户运营专员。

内容运营专员的工作内容包括图片、语音、文字、视频等多种内容的生产。内容运营专员首先要选题定题，再搜集素材，最重要的是内容编辑和图文排版，然后进行内容校对和修改，最后推送发布。内容运营是新媒体运营的最本质内容。

活动运营专员的工作内容是策划宣传活动，可能是线上的，也可能是线下的。其目的就是尽可能多地吸引用户，实现快速涨粉。

产品运营专员的工作内容是对用户群体进行有目的的组织和管理，增加用户黏性、用户贡献和用户忠诚度，有针对性地开展用户活动，增加用户积极性和参与度，并配合市场运营策划活动方案。另外，还需要能对产品和市场数据进行分析，并以此为依据推进产品改进，并且始终保持敏锐的用户感觉。

用户运营专员的工作内容是负责用户运营指导、收集用户的需求等，对接用户日常运营和维护工作，针对需求及时反馈和解决。运用各种运营方式，有效激活用户，增强用户黏性，提升用户活跃度，确保用户互动氛围良性提升。定期或不定期策划针对新老用户的活动方案，了解并分析用户需求，并及时满足用户需要，结合平台，资源整合，用最少的资源实现用户复购和留存。对产品和市场数据进行分析，并以此为依据推进产品优化，提高用户体验。

2. 新媒体运营主管

新媒体运营主管负责的是新媒体部门所有的事务性工作，必须具备提升整个部门效率的能力，主要工作是评估和拆解工作。

评估就是对部门所有在做的工作进行分析，找到没有意义的工作，把这种工作剔除出去，以提升部门工作效率，把重心放在对绩效考核起着决定性作用的工作上；拆解就是要随时关注互联网最新动态以及同行的最新动态，然后去了解他们背后的意图及方法，把好的方法记录下来，在日常工作中使用。除此之外，还要统筹好其他专员的相关事务性工作。

企业新媒体运营主管的岗位职责如下。

（1）对新媒体运营整体目标进行工作分解，制定详细的传播策略和运营执行计划，负责管控运营各项指标的完成进度，对经营结果负责。

（2）负责公司社会化媒体运营推广，日常内容编辑、发布、维护、管理、互动，提高公司的影响力和关注度，维护公司社会化品牌形象。

（3）监控推广效果，能进行数据化分析与总结，制定并实施清晰的用户互动策略，确保品牌流量保持阶段性的稳定和持续增长，合理控制成本。

（4）调研目标用户群体喜好，定位用户需求及喜好，发掘新的营销机会和传播手段，调整自媒体平台内容建设，增长粉丝量。

（5）把控品牌运营的整体风格和个性，结合相关热点带领团队进行内容输出。

企业新媒体运营主管的任职要求如下。

（1）了解新媒体传播特点，擅长媒体沟通与推广。

（2）了解国内外经济、金融热点，具备较强的编辑与策划能力。

（3）具备较强的沟通协调能力、执行力，具备团队协作精神。

（4）具有较强的新闻、热点敏感性，有较强的文案功底。

（5）网感好，创意优，执行力强，有良好的策略思考能力并能独立撰写方案，会使用图片处理软件。

（6）知识面广，思维活跃，工作主动，有责任感及良好的团队合作精神，能承受较大的工作压力。

3. 新媒体运营总监

新媒体运营总监是新媒体整个部门的最高指挥官，总监所做的每个计划都会对新媒体整个部门的工作有所影响，因此新媒体运营总监的工作就是要结合企业的整体规划来做市场定位，并且根据市场定位来设计和规划出独一无二的运营思路，并且监督执行这个思路。

新媒体运营总监的岗位职责如下。

（1）制定新媒体平台的内容建设方案，明晰定位、目标、发展战略并落地实施。

（2）根据市场趋势、用户需求、竞品动向，适时调整新媒体功能的发展战略及推广策略的制定和实施。

（3）发掘移动互联网营销新渠道，微信媒体资源拓展、渠道运营及管理；利用专业运营数据分析工具分析粉丝社会化媒体运营指标，提高运营效率。

（4）公众号运营推广战略，负责策划并领导新媒体营销日常活动及跟踪维护。

（5）负责公司社群运营工作，并对内容输出做一定的把控，以及维护粉丝。

（6）负责新媒体事件、话题、活动等策划和文案的审核，提高公司信息的传播量，提高公司品牌和产品在目标用户群中的知名度。

新媒体运营总监的任职要求如下。

（1）拥有新媒体运营经历及相关平台资源，熟悉内容运营、用户运营、平台运营。

（2）具备丰富的新媒体或社会化媒体运营和营销经验。

（3）具备战略发展眼光，认同公司的企业文化，有较强的管理、规划、控制能力。

（4）有独特的产品和用户心理分析能力，擅长分析市场发展方向和动态，对移动互联网发展潮流高度关注，思维活跃、有创意。

（5）具备广泛的知识储备和自主学习能力，思维活跃，执行力强，有良好的团队管理和组织能力，沟通及文字表达能力强，成果导向。

活动二：构建新媒体运营团队

通过对新媒体运营岗位进行分析，我们知道新媒体运营的工作职责基本包括三大职能：品牌推广、市场营销和用户运营。

在传统市场环境下，企业营销部门关注的核心是"4P"（产品、价格、渠道和促销），而当今企业营销必须是以用户或者用户需求、服务为导向。新媒体运营团队架构的设定已经不仅是产品、品牌和价格所能囊括的了，而是关乎用户、内容、活动、动销，乃至技术的平台体系。简而言之，就是最终为了实现转化用户购买行为过程的每个环节都高度精细化和量化，各项工作必须由专人、专岗负责。企业新媒体运营团队可以分为四个职能小组，如图1-8所示。

1. 内容策划组

新媒体小编，负责内容和文案；产品策划、产品经理和设计师都在这个小组。

2. 活动推广组

负责广告投放和跨界合作，付费广告的获客和品牌联动；负责策划执行涨粉活动和品牌宣传活动。

图1-8　新媒体运营团队架构

3. 社群运营组

私域流量池的关键环节，微信群和个人号运营，以及客户互动。

4. 平台技术组

负责平台运营和数据分析，根据不同的平台建立相对应的运营小组和CRM（客户关系管理）体系。

实战演练

1. 在百度新闻App中搜索新媒体，查看目前新媒体的发展状态，了解新媒体的发展现状与趋势。

2. 登录微博和微信账号,查看新媒体内容在其中的表现形式,分析微博和微信的区别。

项目评价

请将评价填入表 1-5 中，达标画"√"，未达标画"×"。

表 1-5　学习自评

序号	自评知识点	佐证	达标	未达标
1	新媒体的概念	能够理解并复述概念		
2	新媒体的特点	能够说出四个特点		
3	新媒体运营的基本条件	能够说出三个基本条件		
4	新媒体运营岗位能力	能够说出七个方面的能力		
5	新媒体运营思维	能够说出七个运营思维		
序号	自评技能点	佐证	达标	未达标
6	区分新媒体和传统媒体	能够举例说出二者的区别		
7	选择新媒体和自媒体	能够分析判断身边的新媒体和自媒体运营		
8	区分运营和营销	能够正确判断运营和营销活动		
9	分析运营新媒体思维	能够说出新媒体运营思维		
10	确定新媒体运营岗位	能够明确运营岗位的任职要求		
11	构建新媒体运营团队	能够根据实际需要搭建运营团队		
序号	自评素质点	佐证	达标	未达标
12	创新意识	能够结合市场变化不断创新运营方式		
13	职业道德	遵守新媒体运营从业人员职业道德		
14	遵纪守法	遵纪守法，诚信经营		

思考练习

一、简答题

1. 什么是新媒体？新媒体有什么特点？
2. 什么是新媒体运营？新媒体运营应该具备哪些条件？
3. 运营和营销是一回事吗？二者有什么区别和联系？
4. 新媒体运营岗位应具备的能力包括哪些？

二、论述题

1. 应如何整合新媒体运营思维？
2. 企业应该如何组建新媒体运营团队？

项目 2
使用新媒体运营工具

智能手机的出现加速了新媒体平台的发展，也诞生了一批新媒体运营工具。在新媒体运营中，熟练运用运营工具，能大大提高运营工作的效率与质量。本项目将对新媒体运营工具进行简单介绍，从而挖掘更多的运营工具使用场景，明确其在运营工作中的重要性。

学习目标

【素质目标】

1. 具备互联网创新意识，能够在熟练掌握新媒体运营工具的基础上对内容进行创新；
2. 培养精益求精的品质，提高审美；
3. 通过培养创新思维，激发学生的创意潜能，提高内容质量和表现力；
4. 通过培养学生的学习能力和信息获取技巧，使其成为适应新媒体时代发展的终身学习者。

【知识目标】

1. 理解图文编排原则；
2. 了解图文素材获取来源；
3. 了解新媒体配图原则；
4. 熟悉音视频与图文采编工具。

【技能目标】

1. 简单操作视频编辑软件——剪映；
2. 简单操作秀米编辑器；
3. 分析视频剪辑逻辑；
4. 熟练使用几种音视频及图文采编工具。

任务1　图文编排设计

四合如意

继2017年长篇小说《细民盛宴》与2020年的短篇小说集《家族试验》之后，张怡微开始了她重要的写作计划"机器与世情"。在新书《四合如意》（图2-1）里，她通过十二篇短篇小说，描摹了"社交媒体一代"的生活与情感变迁。

张怡微关于"机器与世情"的话题思考，起源于作家琼瑶晚年经历的一场伦理风波。2017年，琼瑶为丈夫平鑫涛住院治疗是否插鼻胃管一事，与丈夫子女产生了纠纷。琼瑶认为，应该放弃以插管形式维持丈夫的生命体征，免去他去世前的痛苦。

当维持生命体征的医疗器械将要剥夺病人自然死亡的"自由"，文学在其中所能扮演的角色会是什么？小说集《四合如意》的构思正式由这一问题作为起点，从中延展讨论一系列由"机器"生发的伦理问题。从呼吸机

图2-1　四合如意

到朋友圈，从Siri到人造娃娃，她在多元的主题里探求真实世界的生计与虚拟世界的历险，试图用文学创作重新赋形我们的生命体验。

（资料来源：界面文化.脖子上胳膊上都有皱纹，这就是老啊，仅此而已｜一周荐书[EB/OL].[2022-08-01].https://mp.weixin.qq.com/s/zD9BstZ3dTxkIf1P1KdKZQ）

任务描述

上述公众号在排版中有许多值得借鉴之处，但也存在一些不足。在本任务中，我们将探究图文采编处理、图片处理、文字排版、图片排版及相关的工具，从而对图文编排设计有更全面的认知。

任务准备

1. 图文采编处理

众所周知，视觉元素在网页信息中扮演了举足轻重的角色，无论是更新社交媒体上的信息，还是发博客、写电子书或者在线制作幻灯片，图文并茂的方式更能增加读者的阅读兴趣。

下面将从图片素材实用网站与图文编排原则两个部分介绍图文采编处理的方式与思路。

（1）图片素材实用网站。

文章配图一般可分为静态图和动态图两种。表 2-1 中列出了一些常用的静态图获取网站。

表 2-1　静态网获取网站

网站名称	网址
花瓣网	http://huaban.com/
乐乎	http://www.lofter.com/front/login
千图网	http://www.58pic.com/
昵图网	http://www.nipic.com/
别样网	http://www.ssyer.com/

动态图网站 soogif（网址 http://soogif.com/）不仅素材多，而且可以和热门的电视剧、话题做搭载，方便快捷。另外，该网站还支持在线制作与 gif 压缩，如图 2-2 所示。

图 2-2　soogif 上关于立秋的动图

需要说明的是，对于公众号文章来说，动态图应限制在三张以内，超过三张，动态图就会变成静态图。

此外，具备图片处理功能的插件，如新媒体管家与壹伴（表2-2）也在图片处理中发挥着重要的作用。例如，这两个软件能让图片尺寸变大或者变小以适配排版。

表2-2 图片处理功能插件

网站名称	网址
新媒体管家	https://xmt.cn/index
壹伴	https://yiban.io/

（2）图文编排原则。

图文排版不仅能够使文章变得条理清晰，打造舒适极致的视觉体验，还能够塑造品牌形象，凸显品牌理念。此外，精美的排版还能够加强读者正面的心理暗示，使其在心理上为品牌加分。在新媒体运营中，相关人员懂得一些基本的图文编排设计的原则并加以合理利用，能够在一定程度上增强推广效果。

①图文编排的亲密性。

图文编排的亲密性主要受图文排版中的间隔大小所影响。在图文排版中，相关的内容应该彼此靠近，这样才能使画面各元素间的关系一目了然。以正文段落间的间隔为例，与传统缩进字符区分段落不同，在新媒体平台上主要是通过在段落间空出一行的方式增加段落间的间距，以突出各部分的亲密性，如图2-3所示。

图2-3 新媒体图文段落编排

②保持风格的统一。

在新媒体图文排版中，保持字体、颜色、字号等的统一能够提高观看舒适度，有利于品牌的传播。如图2-4所示，图中的标题与文字风格都是一致的。

图2-4　新媒体图文风格一致

③图文对齐。

对齐主要有左对齐、右对齐、居中对齐、两端对齐四种方式。其中，居中对齐由于可以将用户视线集中于屏幕中间，减少视线转移，因此最有利于阅读。两端对齐能使边缘更加齐整，视觉效果更好。在文字内容较多时，一般采用两端对齐，如图2-5所示。

图2-5　两端对齐

④运用对比增强视觉效果。

为了避免版面过于枯燥，引起视觉疲劳，在图文排版时要充分利用对比原则，突出重点，增强视觉效果，从而增加文章的可读性。对比包括以下几种手法：将重点内容标注颜色、字体加粗或者增加下划线，改变字体样式等。如图2-6所示，文章通过标注文字颜色的方式突出对比。

图2-6　标注文字颜色突出对比

运营案例

随着互联网技术的不断发展，电商和直播带货成为了现代社会中非常流行的购物方式。网红主播们走向了品牌化运作的道路，孰不知在他们投放品牌文的背后，更多地反映出来的是他们对以品牌商家为代表的流量的争夺。比如提到头部主播，很多人会想到去年双十一的"百亿销售额"，很多人将一些主播的成功归结于"赶上了风口"，但其实，主播成功的背后，也离不开他们在私域上的精细化运营。其中，某主播的公众号就是其私域精细化运营的代表，除了通过点击公众号菜单栏上的"直播预告"可进入小程序查看预告产品外，公众号所发布的内容也是其用户留存的关键，其图文设计的清晰、美观、重点突出等特点为人津津乐道。

以某公众号为例，如图2-7所示，其封面色彩清新，重点信息如"集市上线""春日踏青"以不同的字体样式展现，不仅重点突出，且排版、色调统一，使人观看舒适，提高视觉体验，增强用户点击兴趣。

图 2-7　某公众号图文

2. 图片编辑

新媒体中的图片对文案起着锦上添花的作用。恰到好处的配图不仅能够帮助读者更好地理解内容，还能够增强文章的吸引力，增强文章可读性。下面将介绍新媒体图片的配图原则与图片编辑工具。

（1）新媒体图片的配图原则。

①清晰度。

文章选择图片清晰度高的，视觉效果会比较好，能够体现该新媒体账号的专业性。

②相关性。

配图一定要与文字内容相关联。同时，配图也不宜过多，否则容易增加用户的阅读负担。

③统一性。

在同一篇文章中，图片、色调、版式等应保持一致，否则容易造成用户的视觉疲劳，降低用户对文章的兴趣。当然有时候有特殊情况，这个需要根据实际内容进行调整。

（2）图片编辑工具。

熟练使用一些图片处理工具可以提高图片处理的效率。下面介绍一些功能强大的图片处理软件。

①手机和 PC 端可用软件。

例如美图秀秀、天天 P 图、光影魔术手。

②专业图片处理软件。

PS 与 AI 是最常用的专业图片处理软件。

③图片批量压缩软件。

JPG 图片批量压缩 V2.0 绿色版、Microsoft Office 2007 自带的工具 Picture Manage 等。

④在线设计平台。

稿定设计、创客贴、SOOGIF 等。

任务实施

活动一：文字排版技巧

在文字排版中，掌握一定的技巧往往能事半功倍。以下是文字排版的几个常用技巧。

1. 标点符号避头尾

一般来说，逗号、句号、问号、叹号、顿号等标点符号不能出现在行首，括号、引号、书名号等成对使用的标点符号的前半部分不能出现在行末，后半部分不能出现在行首。一些如 PS、Illustrator、Indesign 的专业设计软件会将"避头尾法则设置"设置为"JIS 严格"，如图 2-8 所示。

图 2-8　专业软件避头尾法则设置

2. 单字不宜单独成行

一行中只有一个字或者一个标点符号会使画面不协调。此时，可以通过调整段落宽度或者字间距等方法让文字段落看起来更加协调、规整，如图 2-9 所示。

> 一位是祖籍福建永定的客家人，一位是生长于厦门鼓浪屿的闽南人；一位是中华人民共和国成立以来第一位歌剧—交响乐女指挥，一位是当代中国最负盛名的钢琴家之一；一位将表现客家人奋斗发展的交响史诗——《土楼回响》带入西方的交响音乐世界，一位将展示中华民族拼搏进取的《黄河》钢琴协奏曲奏响在了世界五大洲。

图 2-9　协调、规整的段落

3. 善用分隔线

分隔线主要用于区隔版块内容，增加内容排版的舒适度，起到段落分明的作用。此外，分隔线也具有装饰作用，除了基础线条之外，分隔线还可以有多种形式。分隔线的位置较为灵活，可放置于开头部分，也可放置于中间或者结尾部分。

4. 突出重点内容

突出重点内容能让用户更快地捕捉到内容的主题。突出文字重点内容一般是通过文本颜色标注、字体加粗等方法。需要注意的是，不宜通过改变字体突出内容，这样会让版面看起来过于花哨，影响视觉体验。

5. 巧用内容编辑器

在新媒体运营人员对排版设计没有灵感时，可借助一些内容编辑器对内容进行排版与编辑。内容编辑器内置大量模板与素材，操作简单便捷，是快速排版与设计的重要工具。常用的内容编辑器包括 135 编辑器、秀米编辑器、小蚂蚁编辑器等。

6. 擅用排版方式

文字排版主要有对齐、居中与居左这三种方式，每种方式都有其适用的场景。其中，对齐排版给人呈现有序的视觉效果，符合人们的视觉习惯，但容易让内容显得严肃。居中则是运用得较为广泛的排版方式，给人呈现出稳定、正式的感觉。但有时候会显得过于中规中矩，缺少新鲜感。为了解决这个问题，有些人在运用这些排版时对其进行了细微的改动，如细小的字体配合较大的留白，并增加一些高级、大气的元素；再如，居左有利于突出断句内容。

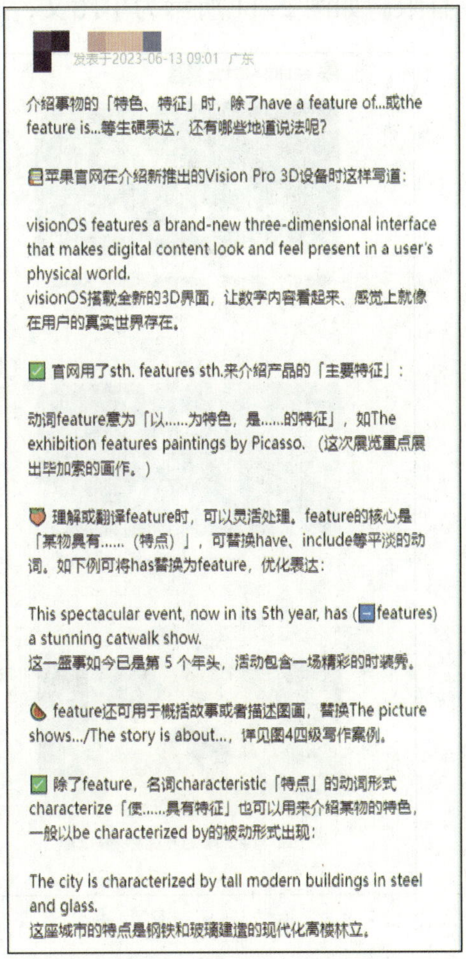
发表于2023-06-13 09:01 广东

介绍事物的「特色、特征」时，除了have a feature of...或the feature is...等生硬表达，还有哪些地道说法呢？

平果官网在介绍新推出的Vision Pro 3D设备时这样写道：

visionOS features a brand-new three-dimensional interface that makes digital content look and feel present in a user's physical world.
visionOS搭载全新的3D界面，让数字内容看起来、感觉上就像在用户的真实世界存在。

官网用了sth. features sth.来介绍产品的「主要特征」：

动词feature意为「以……为特色，是……的特征」，如The exhibition features paintings by Picasso.（这次展览重点展出毕加索的画作。）

理解或翻译feature时，可以灵活处理。feature的核心是「某物具有……（特点）」，可替换have、include等平淡的动词。如下例可将has替换为feature，优化表达：

This spectacular event, now in its 5th year, has (features) a stunning catwalk show.
这一盛事如今已是第 5 个年头，活动包含一场精彩的时装秀。

feature还可用于概括故事或者描述图画，替换The picture shows.../The story is about...，详见图4四级写作案例。

除了feature，名词characteristic「特点」的动词形式characterize「使……具有特征」也可以用来介绍某物的特色，一般以be characterized by的被动形式出现：

The city is characterized by tall modern buildings in steel and glass.
这座城市的特点是钢铁和玻璃建造的现代化高楼林立。

图 2-10　公众号图文排版

【练一练】

分析图 2-10 中公众号文字排版的优势与不足。

优势：________________________

____

____

不足：________________________

____

____

活动二：图片处理技巧

1. 颜色的合理搭配

颜色的搭配首先应符合用户的心理预期，可以尽量选择色彩鲜艳、明亮的颜色，营造轻松愉快的观看氛围。其次，颜色搭配应该与内容基调相统一，如果表达的内容较为严肃，则不宜使用太过鲜明、活泼的颜色。

此外，运营人员还需掌握一定的配色技巧，一般来说，配色主要有以下三种方式：一是一种颜色与其相应的暗色和亮色组合，增加层次感；二是组合色轮上90度角内相邻的色彩，这些色彩因为彼此相邻，组合在一起能形成较为协调的颜色；三是组合色轮上相对的互补色，可以产生强烈的色彩对比。

2. 尺寸的适当调整

图片尺寸的调整一方面要保证图片的清晰度，提升图片分辨率；另一方面要使得图片大小适应整体版式，与整体版式协调统一。

3. 排版

以微信公众号为例，图片的排版分为两方面：一方面是公众号推送图文的数量；另一方面是文章中所用图片的数量。

推送图文的数量是指平台每日推送内容的多少，主要有单图文和多图文两种。单图文使用的侧图、推送的篇数都较少，但文章质量更好，用户接收到的有价值信息更多。反之，多图文推送使用的侧图、推送的篇数都比较多，用户接收到的有价值的信息相对有限。如图2-11所示为单图文，图2-12所示为多图文。

图2-11　单图文

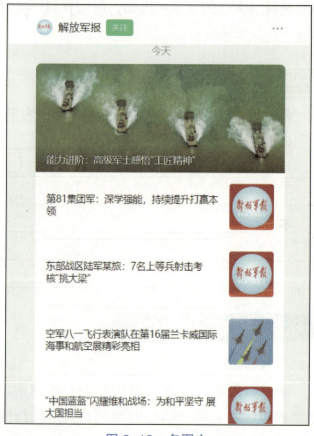

图2-12　多图文

文章内的图片排版需根据平台展示特性调整。以微信公众号为例，首先，图片的位置应尽量居中，因为居中效果下的阅读体验是最好的。

其次，图片数量的多少应根据文章基调选择：多图的排版会使文章更加生动，不易让用户产生审美疲劳；少图的排版则会使文章看起来更加简洁大方，适用于一些严肃、评论性的文章，但少图多字的版式，容易使观众的注意力流失，产生不耐烦的情绪从而退出阅读界面。

此外，文章使用图片较多时也可以采用多图拼接、图片左右滑动或上下滑动等形式。

实战演练

请在表 2-3 中写出你关注的 5 个公众号，分析它的图片排版方式。

表 2-3　关注公众号统计

序号	公众号名称	分析点	分析详述
1		推送图文数量	
2		图片排版	
3		颜色	
4		尺寸	
5			

任务2　音视频采编处理

实习生招聘｜音视频剪辑师

【岗位职责】

1. 能以公司提供的文档和需求等材料为内容，制作视频；
2. 对凝练内容进行录屏，解说视频内容；
3. 按照公司要求对录屏进行编辑，完成精剪、片头和字幕制作等。

【岗位要求】

1. 熟练操作录屏、剪辑软件；
2. 普通话标准，语言表达能力强，善于沟通交流；
3. 对各种素材包括文字、图片、视频等按照编辑规定进行有效处理，具备良好的审美，对画面处理有自己的见解，对节奏和音乐都有成熟的敏锐度；
4. 协调与沟通制作过程中的相关各环节，完成制作全过程，有较强的独立执行能力，保证工作流程有计划地完成。

【加分项】

1. 当前工作地点在杭州；
2. 可以长期远程合作。

【公司介绍】

创始团队来自阿里、百度，产品技术驱动型公司，研发ToB方向的SaaS系统软件。

任务描述

看到这一则招聘启事，很多同学在学习过程中会问：老师，音视频剪辑工具有哪些？这其中又需要具备哪些编辑技巧？在本任务中，我们将介绍一些常用的音视频采编工具，并对剪映与秀米编辑器的使用方法进行简单描述。

任务准备

1. 音频采编工具

（1）音频采集工具。

①讯飞快读。

科大讯飞开发的许多语音产品大多可以满足各个场景下用户对语音的要求。讯飞快读是科大讯飞旗下的一个文字转语音小程序。它可以实现网页、PPT、WORD、PDF 等页面的朗读、语音转文字、调整音量和语速等功能。

②讯飞配音。

讯飞配音是科大旗下的配音类手机 App。它的功能有真人配音、视频配音及合成配音。

③CoolEdit。

CoolEdit 的优势在于集合了单轨录音和多轨录音两种模式，且操作方便简单，通过一个按钮就可以进行单轨和多轨模式的切换，是国内具有广泛用户群的一款音频软件。

④手机自带录音功能。

智能手机基本都配备了自己的录音软件，界面简洁，操作简单，还能随时随地保存于本地，方便传输。

（2）音频处理工具。

① Adobe Audition 软件。

这是一款功能强大的专业性音频处理软件，可以对音频进行一系列剪切、混合、复原等操作。它支持 128 条音轨、多种音频格式和音频特效，能够使用 45 种以上的数字信号。

②音频编辑器。

音频编辑器能够对音频进行调试、剪切、升降调处理。此外，音频编辑器还开发了手机 App，能够让用户通过手机方便快捷地对音频进行处理。

③变声器。

市面上的各种变声器基本能实现大多数用户的声音转换需求，例如耳鼠变声器就是一款实用的手机变声器 App。它能够实现男女声互换，给音频添加背景音并调整音效，还能在微信中使用。

④ Sound Forge。

Sound Forge 功能强大且性能稳定，它包括全套的音频处理、工具和效果制作等功能，能够方便直观地对音频文件进行处理。

运营案例

抖音（图2-13）在过去几年中发展迅速，几乎已经成为人手必备的软件。在泛信息化时代，短视频正好迎合了人们碎片化观看的需求。抖音成功的原因之一来源于其提供的多样丰富的短视频玩法，以及新奇有趣的滤镜、特效等。用户创作空间大，且软件操作简单易上手，大大提高了用户拍摄与观看视频的动力。此外，抖音一改传统的横屏视频观看模式，选择了竖屏播放，上下滑动浏览视频的方式，有效聚合了用户的注意力路径。此外，抖音还推出了剪映App，其功能齐全，且简单易上手，用户编辑完视频后还能直接发布到抖音平台，为广大用户所喜爱。

图2-13 抖音

2. 视频采编工具

恰当的剪辑能够过滤无效的画面，使内容衔接更加合理，时长更为紧凑，延长用户的关注时间。以下是几种常见的视频采编工具。

（1）Vegas。

Vegas是一款专业的视频编辑软件，集剪辑、Streaming、特效、合成等功能于一体。其界面简洁，操作简单，且软件占据空间小，无论是专业人士或者个人都能够轻松上手使用。

（2）Premiere。

Premiere作为使用范围最广、功能最强大的剪辑软件之一，相应地教程、插件也最多。它具有丰富的转场，快捷键众多，且能够识别多种格式的视频，调色功能强大。作为Adobe旗下的软件，它还能实现与AE、AU、PS等软件的动态链接。

（3）会声会影。

相较于Vegas与Premiere等专业软件，会声会影的操作就简单很多。会声会影的轨道主要分为视频轨和覆叠轨，其中，它的覆叠轨操作相对自由，功能较多。其覆叠轨的特色主要在于它方便的遮罩与色度调整功能、自由剪切移动功能与淡入淡出的设置功能。

（4）Edius。

Edius操作简单实用，自带多种特效，占用电脑系统资源较少，且支持多种视频格式，是混合格式编辑的好选择。依赖于其强大的视频压缩编码，Edius能制作出更好的画质，是后期制作环境专用的视频编辑软件。但相对于Adobe公司推出的Adobe Premiere视频编辑软件，Edius的调色与特效较为逊色。

（5）剪映。

剪映是抖音旗下的视频剪辑类手机 App。剪映提供的色度抠图、画中画等功能，在满足基本剪辑需求的基础上，能够创建许多创意合成效果。此外，它还提供了丰富的贴纸特效与滤镜效果，操作简单且功能强大，深受广大用户的喜爱。

3. 音视频混编

许多视频编辑软件都具备音频处理功能，例如 Premiere、Vegas、剪映、会声会影等。下面就以 Premiere 为例，介绍视频软件中几种常用的音频处理方法。

（1）淡入淡出。

首先拖动音频轨道右侧滚轮，将需要编辑的音频轨道放大。随后，在音频轨道中添加关键帧，如图 2-14 所示，通过调整关键帧对音频音量进行调整，关键帧往上调声音就变大，往下调声音就变小，也可以左右调，以控制声音变化范围。

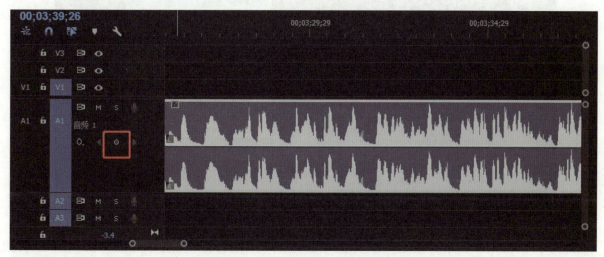

图 2-14　Premiere 淡入淡出效果

（2）音频剪切。

首先将音频拖入时间轴。使用剃刀工具对音频进行切割，如图 2-15 所示。最后把不需要的音频段删除。

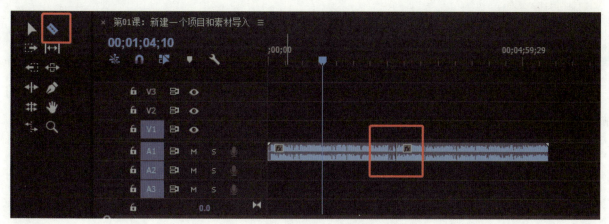

图 2-15　Premiere 剃刀工具

(3)降噪。

找到音频效果下的降噪效果并拖拽至时间轴上的音频,随后双击音频轨道调整参数即可。此外,其还可以运用插件 DeNoiser。

(4)速度调整。

用鼠标选中音频轨道,单击右键,选择"速度/持续时间",如图 2-16 所示。随后,调整速度的百分比,百分比越大,速度越快,反之则越慢。

图 2-16　Premiere 音频速度调整

此外,Camtasia Studio 也是一款音视频混编的实用工具。它是专业的计算机屏幕录制编辑软件,特色之一在于能够对屏幕进行录制,其录制的视频无论是画面还是声音都特别清晰。

任务实施

活动一:使用秀米编辑器编辑图文

秀米编辑器是针对微信公众号推出的专业排版在线编辑工具。以下是秀米编辑器的简易使用教程。

1. 界面主要内容介绍

首先在网页中打开秀米编辑器,可以选择创建"图文排版"或者"H5 制作",如图 2-17 所示。单击"图文排版"下的挑选风格排版,可以看见许多不同类型的风格模板,例如行业、节假、风格等,如图 2-18 所示。

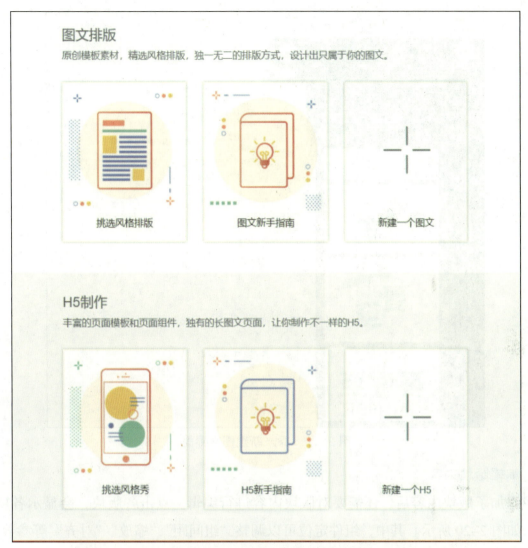

图 2-17　秀米编辑器初始界面

图 2-18　秀米风格排版分类

2. 添加版块内容

在图文排版下单击"新建一个图文"进入编辑页面，如图 2-19 所示。页面左侧为素材区，右侧为编辑区，右侧上方位置为封面及标题的编辑区，单击素材区左侧的"图文模板"按钮，选择模板样式。

图 2-19　秀米新建图文界面

3. 编辑版块内容

在添加了版块内容后，还需要对版块内容进行编辑。点击各版块，会显示各项编辑功能，如图 2-20 所示。其中，组件定位可以调整"组间距""缩放""对齐"等参数。

图 2-20　秀米版块内容编辑工具栏

4. 提高效率的功能

（1）多选功能。

在排版过程中，需要对多个局部内容进行调整时，可以多选几个局部版块进行调整。如果是选择两个不相邻的版块，则可以在按住 Ctrl 键的同时，单击选择需要调整的版块。

（2）刊样图文。

在排版过程中，一套固定的排版格式能够使图文制作的流程更加简便、高效。在秀米编辑器中，可以通过"将本图文设置为样刊"的方式将一套固定模板设置为样刊图文或者一键排版样刊，如图 2-21 所示。另外，还可以对样刊模板进行分类，随时取用，以提高排版的效率。

图 2-21　图文样刊设置

【练一练】

下列工具中，哪些是音频处理工具，哪些是视频处理工具？将得出的结论填入表 2-4 中。

Adobe Premiere Pro　　Final Cut Pro X　　剪映　　Edius　　CoolEdit
Adobe Audition　　耳鼠变声器　　RepIay　　Sound Forge

表 2-4　音视频处理工具

音频处理工具	视频处理工具

活动二：使用剪映剪辑视频

剪映是抖音旗下的剪辑类 App，它操作简单且功能强大，是当下使用得最为广泛的剪辑类 App 之一。以下是剪映常用的功能操作介绍。

1. 素材处理

（1）素材添加。

打开剪映，单击主界面底部的"开始创作"按钮进入素材添加界面，选择视频素材添加即可进入视频编辑界面。剪映的视频编辑界面分为预览区域、轨道区域和底部工具栏，如图 2-22 所示。如果添加完素材后，想要替换素材，则只需要在轨道区域中选中需要进行替换的视频片段，单击工具栏里的"替换"选项，进入素材添加界面，选中一个素材即可完成替换。

（2）素材切割。

拖到时间线定位到所要切割素材的位置，然后单击工具栏中的"分割"按钮即可进行素材分割。如图 2-23 所示。

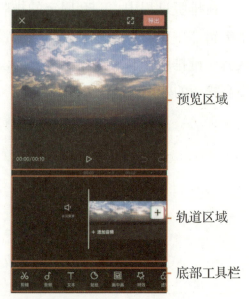

图 2-22　剪映主界面

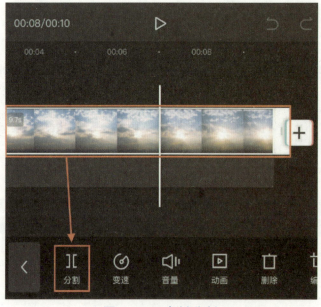

图 2-23　素材分割

（3）修改素材持续时间。

选中一段素材后，可以在素材缩览图左上角看到所选素材的时长，如图 2-24 所示，拖动素材前端与后端能够修改素材的持续时间。

(4)调整素材顺序。

在轨道中添加多段素材时,可以在长按素材的同时拖动素材,以调整素材的播放顺序,实现片段重组,如图2-25所示。

图2-24 修改素材持续时间

图2-25 重组素材顺序

(5)素材变速。

选中素材,单击"剪辑"按钮,再单击"变速"按钮,如图2-26所示。剪映中的变速主要有两种,即常规变速和曲线变速。

(6)调整素材画幅比例。

画幅比例是指画面宽度与高度的关系比例。在未选中素材的状态下,单击工具栏中的"比例"按钮可以为视频设置合适的画幅比例,如图2-27所示。一般来说,9∶16或者16∶9这两种比例更加符合短视频平台的上传要求。

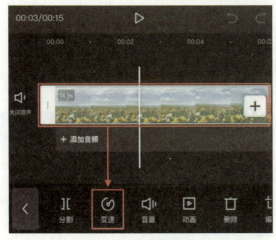

图2-26 素材变速

图2-27 画幅比例调整

2. 画面调整

(1)画面基础调整。

在轨道中选中素材的情况下,通过双指拉伸能够直接对画面进行放大或缩小的操作,通过双指旋转可以旋转画面,如图 2-28 所示。此外,也可以在工具栏中单击"编辑"按钮,随后单击"裁剪"按钮对画面进行裁切。如果想要翻转画面,则可以通过"镜像"功能实现。

(2)"画中画"功能。

"画中画"能够使不同的素材出现在同一画面。在未选中素材的状态下,单击工具栏中的"画中画"按钮,进入素材添加界面,如图 2-29 所示。

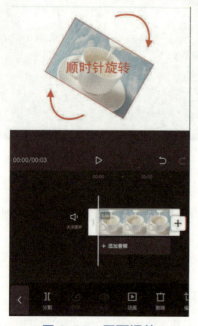
图 2-28　画面调整

图 2-29　"画中画"功能

实战演练

请分析抖音平台上最热门的几个视频,并对其剪辑方法进行分析,填入表 2-5 中。

表 2-5　抖音视频分析

视频名称	画幅	过渡	调色	剪辑亮点

项目评价

请将评价填入表 2-6 中，达标画"√"，未达标画"×"。

表 2-6 学习自评

序号	自评知识点	佐证	达标	未达标
1	图文编排原则	能够理解并复述原则要点		
2	图片配图原则	能够理解并简单复述原则		
3	静态图获取渠道	说出几个静态图的获取渠道		
4	认识音频采编工具	说出几个常用的音频采编工具		
5	认识视频采编工具	说出几个常用的视频采编工具		
6	认识音视频混编工具	说出几个常用的视频混编工具		
序号	自评技能点	佐证	达标	未达标
7	文字排版技巧	能够分析文字排版的不足与优势		
8	图片排版技巧	能够分析图片排版的不足与优势		
9	使用秀米编辑器编辑图文版块	能够自主做出一份秀米图文模板，并保存为刊样图文		
10	使用剪映编辑素材	能够对素材进行切割、缩小放大、裁切、旋转、修改素材持续时间、调整素材顺序、调整素材速度、熟练使用"画中画"功能		
序号	自评素质点	佐证	达标	未达标
11	创新意识	能够在熟练掌握新媒体运营工具的基础上对内容进行创新		
12	职业道德	遵守新媒体运营从业人员职业道德		
13	遵纪守法	遵纪守法，诚信使用运营工具，传播正能量		

思考练习

1. 以下是一篇关于知了的文章，要求利用图文编辑器对下列图文进行重新排版。

夏天的知了，我们知道，学名是蝉。

它在古诗中出现的频率很高，可为什么诗人们都这么喜欢它呢？

《蝉》这首诗，表达了诗人孤芳自赏、淡泊名利、不与世俗同污的思想感情。

这是初唐虞世南的一首咏物诗，主要以蝉的形状、习性以及所发出的声音，暗示诗人高尚的品行志趣。

"饮清露"可以看出诗人对蝉高洁品质的褒奖，"流响"十分形象生动地描写了蝉清脆的鸣叫声。

诗中运用"清露""疏桐""秋风"等语言传达的一种高洁、俊逸的心情；用"流响出疏桐"的"流响"和"出"字描写蝉的长鸣声，给人一种身临其境的感觉。

蝉作为自然界中存在的弱小群体，每天饮甘露，到了秋天死亡，在苍茫的自然界中微不足道。

蝉在夏秋鸣叫，体态十分优美，声音悠扬婉转，使人们听完不由自主的产生联想，并且赋予了它高洁美好的品质。

诗人们把它作为高尚的象征，经常托物言志，以此来寄托和抒发自己内心的情感。

蝉声传得远，大部分人往往以为是靠秋风的传递，但诗人却独具匠心，强调这是一种因为"居高"而能够把声音传递给远方。

"居高"实际上指蝉居住的梧桐树很高，暗指品质之高。通过对蝉的详细描写，表达了诗人对内在品格的赞扬之情。

蝉这种昆虫居然能入诗人们的"法眼"，成为万千诗人笔下的主角，它是有什么独特的魅力呢？

夏天几要素：西瓜、蛙叫、扇子、留在记忆中的蝉鸣。如果夏天没有蝉鸣，夏天也就少了些意思。

古话说，春听鸟声，夏听蝉声，秋听虫声，冬听雪声。蝉，自古以来就有很多吉祥的寓意。

它象征重生

蝉从生到死的生命历程十分特别，其幼虫生活在泥土中可长达数年甚至数十年，之后才会爬上枝头结蛹，破壳而出化为飞蝉。然而，飞蝉的寿命却十分短暂，抵不过一个夏天。

所以蝉的生命历程象征着重生，也代表着对生活的无限执着和对信念的奋不顾身。所以在古代葬礼中，人们会把玉蝉放入逝者口中，以求庇护和永生。

它是高洁的代表

史记中有云:"蝉蜕于污秽,以浮游尘埃之外。"蝉的一生虽然大多时间都在泥土中度过,但待其蜕变为蝉时,却攀于枝头远离浮尘,只以树汁露水为食,正可谓出淤泥而不染,因此蝉又代表纯洁清高的品格,不阿谀奉承蔑视权贵。

"一鸣惊人"出自它

蝉的鸣叫亦是独特之处,叫声明亮激昂,又不知疲倦,正有一鸣惊人之意。

(资料来源:河南诗词大赛.【诗词文化】"知了"知多少[EB/OL].[2022-03-09]. https://mp.weixin.qq.com/s/NtdIlGCmw-tDjGWswq_K7w)

2. 录制一段个人介绍视频,并使用剪映对其进行剪辑加工,从而突出个人特色。

项目 3 用户运营的方法与策略

用户运营指的是以用户为中心搭建用户体系、开发需求产品、策划相关活动与内容；同时，还要严格控制实施过程与结果，最终达到甚至超出用户预期，进而实现企业新媒体运营目标。新媒体运营，用户是核心。不少企业的新媒体部门规定"新员工在入职后，必须先做与用户相关的工作（如网店客服、微信公众号后台互动、用户社群沟通等），再上任其本职岗位"。因为不论是开发产品、设计活动，还是策划内容，都需要围绕用户进行。如果不重视用户运营，新媒体就会出现事倍功半的运营结果。面向大量不精准的用户开展新媒体工作，造成资金与精力浪费，最终降低了转化率、曝光量等数据。本项目主要围绕新媒体用户需求、用户购买特征进行阐述，探究用户运营的方法和策略，进而组织和实施新媒体运营活动。

学习目标

【素质目标】
1. 树立创新意识、创新精神，能够创新新媒体用户运营思维；
2. 具备正确的价值观，服务社会，开展积极向上的新媒体运营活动；
3. 践行社会主义核心价值观，树立精益求精、甘于奉献的工匠精神；
4. 养成诚实守信、遵纪守法的习惯，合法从事新媒体用户运营活动。

【知识目标】
1. 理解新媒体用户的购买心理和需求；
2. 理解新媒体用户的购买特征；
3. 掌握新媒体用户运营的策略。

【技能目标】
1. 正确分析新媒体用户的购买行为；
2. 能够对用户进行划分；
3. 能够运用新媒体用户运营策略开展新媒体用户运营活动。

任务1 分析用户需求

"头条号"是针对媒体、国家机构、企业以及自媒体推出的专业信息发布平台,致力于帮助内容生产者在移动互联网上高效地获得更多的曝光和关注。

因此,通过深挖数据,形成基于用户行为从而构建用户模型并进行个性化推荐的产品特色,能很好地完成人与信息的服务连接。今日头条的内容基本上也属于新闻类,但是它推荐的内容不仅包括狭义上的新闻,还包括购物、游戏、电影、音乐、财经等多个类目的相关资讯。

今日头条号用户具体情况如下:

(1) 基本实现年龄全覆盖,以18~40岁为主力军。

(2) 男性标签排名:社会、娱乐、本地、汽车、时政。

女性标签排名:娱乐、社会、时尚、育儿、健康。

(3) 用户上线时间为:上班前、午休后、下班后。

(4) 故事类、干货类、鸡汤类比较受欢迎。

(5) 运营方式:微头条、头条问答、文章、视频。

(资料来源:匿名. 八大平台特点 [EB/OL]. [2019-03-01]. https://www.jianshu.com/p/54929f9d8d2e)

任务描述

用户需求对于互联网产品来说非常重要,关系到产品甚至公司的生死存亡。也可以说,互联网产品的成功,其实就是满足用户需求的成功。所有的互联网产品,应该想的是如何更高效、更方便、更快捷地满足用户需求;互联网产品一定是在原有基础之上更好的满足用户需求,在本任务中,我们将探究新媒体用户行为特征,进而分析用户需求,便于精准开展用户运营。

任务准备

用户使用新媒体时总是出于各种各样的需求,新媒体产品必须满足用户至少一方面的需求，这样才有可能吸引用户，从而获得成功。而新媒体产品同传统产品一样，也有导入期、成长期、成熟期以及衰退期等发展历程，针对不同的阶段，新媒体产品都必须做出相适应的功能调整。

对于新媒体来说，用户使用新媒体有不同的目的，比如想获取时政资讯，或解决专业困惑，或更方便地和人沟通，这些都是新媒体用户需求。正因为有了这些需求，才出现了如微博、知乎、微信这样的新媒体。所以，用户需求是新媒体运营的核心驱动力，而用户需求分析是剖析新媒体和新媒体用户的前提。

党的二十大报告指出："弘扬社会主义法治精神，传承中华优秀传统法律文化，引导全体人民做社会主义法治的忠实崇尚者、自觉遵守者、坚定捍卫者。"新媒体行业是新兴行业，从业者在经营过程中一定要遵纪守法、诚实守信。

运营案例

15秒短视频——从好奇心走向"建立期待"

抖音、快手平台火爆，短视频作为新媒体新生力量的同时也成为中坚力量，短短15秒的时间，究竟是什么让用户欲罢不能？下面我们从新媒体用户的心理和情绪分析短视频火爆的原因。

在影像体验中，观众的心理机制是第一步，也可以解释为行为动机，即好奇心，这是一种令人兴奋的体验，如电影诞生初期，人们观看电影的动机并非电影内容而是电影本身，其作为"一种吸引人的节目"出现在杂耍节目单中。

同样，推动短视频快速发展的第一个吸引力要素依旧是观众的好奇心理，只不过在短视频领域，这种吸引力演化为"建立期待"的心理机制。所谓"建立期待"是指观众在打开短视频的一瞬间，其传达出的画面、音乐乃至文案内容，都会为观众"看下去"的行为进行助力并建立期待，同时在短时间内满足这种期待，也成为观众热衷的目的。

以抖音为例，其15秒的视频时间规定，极大限度上限制了画面内容，尤其是对于故事情节的表达。因此在营销学领域内，对抖音短视频制作模式有"1-3-5-9"注意力吸引原则之说，即"第1秒为特色展示、第3秒点明主题、第5秒重点发挥以及第9秒完成引导"。

阶段性期待的建立，很大程度上脱离了对"叙事"的期待，原因是叙事核心的蒙太奇表达很难在几秒钟的时间内完成表达；同时，这种期待的"吸引力"远超过了视频本身——有时驱使人们行动的并非酬赏本身，而是在渴望酬赏时产生的迫切需要。

（资料来源：《新媒体用户分析与运营》，清华大学出版社，有删改）

1. 用户购买心理

用户购买心理是指人作为消费者时的所思所想。任何一种消费活动，都是既包含了消费者的心理活动又包含了消费者的消费行为。准确把握消费者的心理活动，是准确理解消费行为的前提。同时，由于消费行为是消费心理的外在表现，因此比消费心理更具有现实性。马斯洛需求层次理论与新媒体产品如图3-1所示。

图3-1 马斯洛需求层次理论与新媒体产品

（1）马斯洛需求层次理论。

马斯洛需求层次理论是人本主义科学的理论之一，由美国心理学家亚伯拉罕·马斯洛于1943年在《人类激励理论》中提出。他在书中将人类需求像阶梯一样从低到高按层次分为五种，分别是生理需求、安全需求、社交需求、尊重需求和自我实现需求。

①生理需求。

生理需求即满足人们生存和生活的日常基础所需，如吃、穿、住、用、行等。比如基于美食的大众点评App，基于交通指南的百度公交App，都在为人们的生活提供便捷。满足人们基本生理需求的产品通常不温不火，几乎没有什么可以炒作的话题。

②安全需求。

这类需求通常有对健康的担心、对贫困的恐惧、对无知的忧心，都是缺乏安全感的表现，在安全感缺乏的同时，内心驱动促使满足获取安全感的需求。

例如，由于对贫困的恐惧，则产生理财相关需求，希望快速地以钱生钱的方式，实现富足的目标。因此，各类投资理财和健康管理App层出不穷。

③社交需求。

社交包括友情、爱情、亲情等多个层次。也可以分为熟人社交、陌生人社交等。当然两者也可以相互转化。交流和沟通，是人类永恒的主题。

④尊重需求。

每个人都有被尊重的需求，都希望展现自己，获得人们认可。这也更多地体现在社交过程之中。每个人的尊重与被尊重都存在于社交网络的交流互动之中。所以，尊重需求可以深度体现在社交需求之中。

⑤自我实现需求。

这是最高层级的需求。在这一层级，人们对自己的表现或者获取的成绩都已非常满意。在一定程度上，炫耀也可以理解为自我实现的外在表现。例如，使用提升品位的商品或服务，可以理解为自我实现需求的外在展示。

（2）马斯洛层次需求与产品需求之间的关系。

①越靠近底层需求越是刚需。

一款产品最核心的部分是其解决的需求是否为刚需。所谓刚需，即刚性需求，需求是硬性的，是必要的。与其对应的是弹性需求，只是在某些场景下才需要，是可选择的，是非必要的。

马斯洛认为最低层次的需求是生理需求，如生活类的吃、穿、住、用、行，即为刚需。其上一层次为安全需求，安全感缺失，也是普遍存在的。而越往上，则变得越来越不必要，如自我实现，变得可有可无，变得因人而异，变得有选择性，不再是所有人的必需。

②越靠近底层需求越工具化。

几乎越是底层的东西，越是平淡无奇，使用起来越是不温不火。比如与美食、租房、公交等相关的App，人们只有在需要的时候才会使用，已经成为一种工具。而其他基于新鲜感的需求，则在使用高峰时蜂拥而来；而在使用低谷时，则门可罗雀。最后的归宿则可能就是不了了之。由此可见，基于底层的工具类需求，黏性未必最高，但一定是生存得最久的。

③越靠近高层需求，则新鲜感驱动越明显。

新鲜感驱动的东西，比较容易扩散和裂变。可以在非常短的时间内，获取巨大的用户基数；但是很难形成强有力的黏性，用户的留存根本无法保证，很多都是昙花一现。基于新鲜感的需求而形成的产品，如何将引来的用户留存，才是未来持续稳定生存下去的关键。

一个优秀的产品，一定是深谙人性，并且能够持续稳定地使用户产生黏性的。不管是满足底层需求的工具类产品还是满足自我实现炫耀需求的产品，最本质的都需要结合一定的社交属性，形成强有力的用户黏性，然后基于用户需求的场景化来满足用户核心本质的需求。

2. 新媒体产品的用户需求

在产品不断更新成长的过程中,用户需求与之密切相伴。用户需求的挖掘和管理贯穿于整个产品生命周期中,并在一定程度上决定了产品各生命阶段的发展布局。在不同的生命周期,用户需求随时变化。

(1)导入期的用户需求。

在导入期的最开始,产品并没有成型,无法从已有的环境中找到真实的用户进行需求调研。此时,产品设计者必须站在用户的角度思考:用户到底是哪些人,产品大致会是什么样子,产品往哪个方向发展,由此从无到有地挖掘出用户的需求。此时的需求是对于用户整体而言的,是他们共通的需求。所以,这个时候的需求被称为"创新性需求"。

例如,2017年年底兴起的百万英雄、冲顶大会等直播问答型新媒体产品,在产品导入期之初,用户尚未接触过这类产品,不知道这种产品是什么样,能为他们带来什么,也无法准确表达出自己在线上问答这方面的诉求,那么设计者就需要站在用户的角度思考:"我如果是用户,参加这个问答,想要得到什么或者体验什么呢?"产品设计者得到的答案可能是:想要得到答题的奖励或希望能挑战自己知识的极限。基于此,产品的功能设计围绕这两点需求展开。

在得到初具雏形的产品后,导入期还需要继续完善主产品设计,并开展有效的营销与推广,这个时段需要在之前创新性需求的基础上补充新的需求,将用户刻画得更加有血有肉,因此,此阶段的需求被称作"具象性需求"。

(2)成长期的用户需求。

进入产品成长期后,产品销售规模和利润迅猛增长,同行业竞争者进入这个市场中,不同企业为满足用户多元化需求不断推出新的品种型号,提升产品性能,降低销售价格。此时的用户需求被定义为"选择性需求"。之所以将其定义为"选择性需求"是因为在成长期,竞争激烈,产品必须要有自己亮眼的特点,这样才能吸引一大群忠实用户;人们也是因为产品具备自己喜欢的某些特点或者满足了自己的某些需求,才会选择该产品。

以短视频产品为例,新媒体产品充分挖掘了不同用户的差异化需求,对用户进行细分,由此来确定产品定位和功能设计。短视频产品尽管彼此类似,但都有着自己独特的定位风格和用户群体。比如,美拍(图3-2)突出的是"美丽可爱",它的用户大多是爱美丽有自信的年轻女性;小咖秀突出的是"表演展示",它为一群渴望模仿、表演和搞笑的人提供了一个极便利的展示平台;火山小视频突出的是"视频特效",它能为那些视频制作的业余爱好者提供更酷炫的特效制作功能;而抖音短视频,则

图3-2 美拍

是定位于打造中国本土的"年轻人的音乐短视频社区",它所面向的是30岁以下追求时髦新潮、热爱音乐的新兴群体。不同的短视频产品突出的功能不同,这些特色使得他们满足不同的用户需求,拥有不同的用户群体。

(3)成熟期的用户需求。

进入成熟期后,随着产品及竞品的大量普及,用户开始有了更新换代的需求。用户在前期的产品使用中积累了一定经验,对于产品应该提供怎样的功能服务、具备怎样的用户体验和产品价值等都有了较为明确的见解。在成熟期,用户的需求并不是革命式的,而通常是基于现有产品提出来的,例如更换产品的色调、增添某个功能、提高产品安全性能等。同时,用户也会基于早期的购买经验和形成的品牌喜好来进行选择。处于这一阶段的用户需求被称为"重复性需求"。

此阶段用户已经产生一定的习惯和依赖,并进行了多次重复性行为(购物、查阅、观看,等等),以及有固定的访问频率(如每周访问频率、月访问频率),此时可以通过交易、活跃、社交等能力使用户价值最大化,或延长用户的成熟期,从而延长用户为产品带来的价值,核心关注指标复购率、客单价、人均购物数,等等;这一阶段需要考虑的关键问题是:第一,通过运营手段来留存老用户,同时保持新用户的稳定增长;第二,如何稳定地将用户变现从而实现盈利。

运营案例

星巴克是新媒体运营的高手,其运营方法主要有以下几点:

(1)社群营销,引发用户共鸣。

有明确的目标,全面了解用户重点需求并充分挖掘用户需求的内容。思考用户情景,考虑用户所处的情景并提供与之相符的内容来提高用户体验感。多渠道与用户建立联系,推出优质内容吸引用户,避免单调。星巴克宣传海报如图3-3所示。

(2)全新的信息交互方式,提升产品情感价值。

"通过独特的精致体验来促进人们连接彼此"是星巴克一直以来的核心价值。用星说小程序通过转赠卡券的形式让咖啡成为连接亲朋好友间亲切社交的理想"媒介",迎合了星巴克粉丝对品牌的期待,将原本出于

图3-3 星巴克宣传海报

生理需求而购买咖啡上升为基于社交需求而购买的礼物。利用送礼的形式实现用户群体增加,同时提升了消费者对星巴克的认可度和忠诚度,让产品更有温度。

（3）关注用户的情感需求，产品内容个性化。

用星说将商业卡券包装成星礼卡，同时察觉用户在送礼场景和情感需求上的不同，团队花费5个月时间设计196种星礼卡卡面。不论是为好朋友打气，还是憋了很久却说不出口的抱歉；不论是大恩不言谢的兄弟情义，还是情侣之间的窃窃情话都有相对应的卡片，可以真切满足用户的个性化需求。

（4）商家在构建粉丝策略的时候，要注意以下技巧：

①要利用节庆等的互动事件，提升老粉丝忠诚度，吸引新粉丝加入。

②打造归属感，深度挖掘产品背后的情感价值，打造比产品物性更高维度的情怀。

③给用户一个身份，驱动用户的荣誉感，激发用户的分享欲望，实现传播。结合星巴克"粉丝+商业卡券"的营销模式将主要的第三方制作平台的营销手段细分为以下三种：

a.会员卡：商家可以在后台系统设定会员门槛，系统根据记录下来的用户消费行为进行匹配，从而确定用户的会员等级以及应享的会员权益。

b.积分：商家设定积分获取标准后，可以在后台根据用户的数据进行匹配累计，将积分转换为优惠或礼品，回馈给用户。

c.优惠券：根据商家不同的需求，有折扣券、满减券、代金券、兑换券等多种优惠券类型，礼券还具有转赠功能。

让用户深度参与商家策划的活动，打破用户的心理屏障，这样才算是出色的新媒体运营。

（4）衰退期的用户需求。

在衰退期，产品落后于市场需求的发展，用户不再满足于现有产品提供的功能服务，大环境的变化使得他们对产品提出了变革式的需求，如果产品不能及时转型并满足新的需求，用户会直接将它们抛弃。因此，这一阶段的用户需求又回到了"创新性需求"上。与导入期的"创新性需求"不同，衰退期的创新性需求是建立在完全成型的产品基础之上的，不是从零开始的创新，而是对已有产品的"微创新"，是对其他性能更好、价格更低的新产品或者替代品的需要和市场召唤。

例如，微博在因广告增多、产品体验差、功能一成不变而逐渐式微的情况下，于2016年年底开始突破文字信息载体，加入短视频领域的竞争当中，寻求衰退期的命运逆转。幸运的是，此次改变成功，作为内容生产平台，短视频在微博中的出现没有让人觉得功能突兀，反而迎合了众多用户对于更多形式展示内容的需求，这使得微博再一次焕发生命活力。所以，当产品进入衰退期，想要延缓产品被替代淘汰的速度，挽留重要用户，延长产品的生命周期，关键就是要准确把握住当下的用户需求变化，与时俱进地满足新需求，及时进行迭代更新，使产品始终维持良好的用户体验。

总的来说，用户需求的变化提供了判断产品生命周期的参考指标，处于各个阶段的用户，需求是不同的，当用户需求发生改变时，往往预示着产品下一个发展阶段的到来。在不同阶段，产品的设计也应当有相应的改变，以满足不断变化的用户需求，保持产品持久的生命力。

【议一议】

luckin coffee（瑞幸咖啡），新零售咖啡品牌，致力于成为高品质咖啡品牌和专业化的咖啡服务提供商。其互联网品牌开拓市场，借助朋友圈实现裂变拉新，通过投放朋友圈广告总曝光次数1亿，触达用户总数3000万，以下我们来具体分析下瑞幸咖啡投放朋友圈广告，精准触达潜在人群，提升转化效率的案例。

2018年3月，互联网咖啡品牌luckin coffee在中国咖啡市场异军突起，并趁品牌热势在朋友圈投放广告，进一步扩大品牌声势，吸引更多用户下载应用。广告借助微信大数据能力，在有门店的区域进行投放，精准触达潜在目标人群，提升转化效率。通过代言人演绎创意视频，展现产品特性的同时，有效提升互动点击和主动分享率，让品牌在好友对话框和朋友圈再次传播。除了活泼动感的视频素材之外，广告还使用大额产品优惠"免费领咖啡"，进一步抓住用户趋利心理，进而输入手机号一键领取优惠，最终下载APP进行下单，完成整个转化闭环。最终广告触达超过3000万用户，大大提升APP下载量及订单量。

（资料来源：微信广告．投放朋友圈广告，精准触达潜在人群[EB/OL].[2019-08-09]. https://www.szhometop.com/detail/case2/1196）

讨论：瑞幸咖啡是如何实现精准触达用户的？

任务实施

活动一：分析用户购买特征

用户的购买行为流程如下：首先受到一定刺激，产生一定的购买欲望，然后感受到需求，再搜索信息，在搜索信息的过程中不断筛选、评估、选择，最后做出决定，实现结果平衡。

1. 用户购买决策的心理活动过程

用户购买决策的心理活动是这样的：

受到刺激→产生欲望→感受需求→信息搜索→评估选择→做出决定→结果平衡。

因此，在用户的购买过程中，企业须特别注意两个方面的问题：

第一，当客户搜索信息时，企业的产品信息是否能及时准确地到达客户，这直接影响其是否会购买企业的产品。所以，企业通过广告、宣传，不断扩大与用户的接触面，提高品牌知名度，以保证在用户搜索信息时能够注意到企业的产品。

第二，企业应针对不同的消费群体进行需求分析。只有掌握用户的需求，才能进行有针对性的销售。

2. 用户的评估选择

用户的评估选择最为关键，其决定用户选择的产品。用户的选择有一定规律，用户的评估选择依据通常有三方面，如图3-4所示。

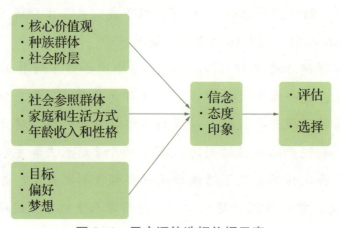

图3-4　用户评估选择依据示意

用户的评估选择具有多样性，所以，企业要深入研究用户的核心价值观、所属社会阶层、收入水平、个性以及目标偏向等因素，并认真分析、做好记录，使之成为用户资料档案中的重要内容。

活动二：分析用户购买行为

用户购买行为分析中的指标大体上可以分为三大类，即黏性指标、活跃指标和产出指标，每个分类可以包含多个具体行为指标，用来共同衡量用户在这三类中的行为表现，进而区分用户的行为特征，对用户进行分类或者综合评定。

1. 黏性指标

用户黏性就是指用户双方彼此的使用频率，黏性是衡量用户忠诚度的重要指标，它对于整个电子商务网站乃至品牌形象起着很重要的作用。

广义的黏性（又称"黏度"）是指用户对网站的依赖度、忠诚度和使用频率。通常，黏度越高的网站价值越高，如何提高用户黏度也就成为各网站运营的首要任务。

黏性指标主要关注用户在某一段时间内持续访问和使用网站的情况，更强调一种持续的状态。衡量用户黏性的指标就是使用时长和使用频率。表3-1所示为用户黏性情况及其效果汇总。

表 3-1　用户黏性情况及其效果汇总

用户黏性情况	用户黏性效果
高频率高时长	用户日启动次数多，使用时间较长，应用提供的核心功能用户体验极好，用户依赖度高。例如 QQ、微信等即时通信应用软件
高频率低时长	黏性较高，由于功能性有限导致用户停留时间不长
低频率高时长	黏性较高，依赖度一般，由于极好地满足了用户的核心需求，每次启动停留的时间都很长，如电子商务类、游戏类应用
低频率低时长	用户黏性低，没有得到用户的认可，不能让用户依赖，属于失败的应用

2. 活跃指标

活跃指标更多指向的是用户每次访问过程中发生的行为，考察用户访问中的参与度。

（1）日活/月活。

日活指日活跃用户数量，常用于反映网站、互联网应用或网络游戏的运营情况。日活通常统计一日（统计日）之内，登录或使用了某个产品的用户数，与流量统计工具里的访客（UV）概念相似。

月活指网站、App 等月活跃用户数量。数量的大小反映用户的活跃度，但是无法反映用户的黏性。

在活跃用户上会做进一步的计算，即活跃率，指的是某一时间段内活跃用户在总用户量中的占比。一般来说会分析日活、周活、月活，此指标是看产品的健康度。

做用户分析的时候会重点关注活跃用户，但同时也会对新用户、沉睡用户、睡眠用户、流失用户、回流用户、忠诚用户等进行全生命周期的分析。

（2）PV/UV/VV。

① PV 是互联网早期时代的指标，是指页面浏览量，用户在网页的一次访问请求可以看作一次 PV。比如，1 个用户浏览了 10 次页面，则 PV 记为 10。

② UV 是访问页面的人数，也称作独立用户量。比如，1 个用户浏览了 10 次页面，则 UV 记为 1。

③ VV 是视频播放次数，是当前衡量视频网站效果的参数之一。

（3）用户会话次数。

用户会话（Session）是用户在时间窗口内的所有行为的集合。用户打开 App，搜索商品、浏览商品、下单并且支付，直至最后退出，整个流程算作一次会话。

会话的时间窗口没有硬性的标准，网页端是约定俗成的 30 分钟内，移动端默认为 5 分钟。但是这个也是因产品而异，对于有些内容型窗口会长一些，视频类窗口可能会更长一些，那么这个就按照指标自行定义。

（4）用户访问时长。

不同类型软件的用户，访问时间各不相同，社交类、视频类肯定会长于工具类产品。

（5）功能使用率。

功能关系着产品的发展以及用户使用深度。一般来说，分析功能使用率的时候特别关注两个功能，即用户一进来会使用哪个功能，以及用户退出之前最后使用的一个功能。

此外，功能使用率还有一些指标，比如图片送达率、转化分享率、二次转化分享率等，也是衡量产品质量的一个重要指标。

3. 产出指标

产出是最直接的指标，可以直接衡量用户创造的价值输出，如电子商务网站可以选择"订单数"和"客单价"，前者衡量产出的频率，后者衡量平均每次产出价值的大小。

【练一练】

依据用户行为分析指标，分析小米小爱音箱的用户行为特征，并将结果填入表3-2中。

表3-2 小米小爱音箱用户购买行为分析

用户行为分析指标	对应的用户购买行为
黏性指标	
活跃指标	
产出指标	

任务2 用户运营策略

抖音短视频,是由字节跳动孵化的一款音乐创意短视频社交软件,其Logo如图3-5所示。该软件于2016年9月20日上线,是一个面向全年龄的短视频社区平台。用户可以通过这款软件选择歌曲,拍摄短视频,形成自己的作品,平台会根据用户的爱好给用户推送他们喜爱的视频,如图3-6所示。

图3-5 抖音的Logo

图3-6 抖音短视频截图

抖音用户分析内容如表3-3所示。

表3-3 抖音用户分析内容

指标	具体情况
年龄分层	基本实现年龄全覆盖,主要用户年龄为22~35岁
用户标签排行	演艺、生活、美食类视频播放量较高;观看情感、文化、影视类视频增长较快
用户上线时间	上班前、午休时、下班后(零碎时间)
定位标签	无限定
运营方式	短视频

抖音的短视频用户运营技巧如下:

1. 产出优质内容

抖音平台本身的算法非常复杂,但有一点是可以肯定的:无论是在什么平台,无论这些平台算法有多复杂,只要内容足够优质,就能获得多次曝光,从而获取流量。

2.不要高估用户耐心，黄金3秒开头

抖音的内容虽然已经是短视频，但千万不要高估用户的耐心。每次刷到视频的时候，用户需要快速获取信息，如果在前3秒不能打动用户，用户就会划走，所以视频的开头特别重要。

3.创造评论氛围，引导用户收藏、转发、下载

内容播放完，还要引导用户继续二次传播。因此，在内容中，创作者需要引导用户评论、收藏、转发、下载等，这不仅能够提升推荐权重，还能趁机在用户的转发中获取新用户。

4.引诱式结尾，吸引用户长期关注

每个视频的价值，要实现价值最大化，结尾非常重要。一集内容精彩但留有悬念，也是引导用户关注的妙招，这样就能促使用户添加主页，关注账号，沉淀粉丝与私域流量。

（资料来源：知乎[EB/OL]. [2020-02-17]. https://www.zhihu.com/question/366667448/answer/1020230709）

任务描述

用户运营工作（图3-7）主要围绕四方面展开，包括拉新、促活、留存及转化。

（1）拉新。

拉新即通过微博、微信、论坛、社群、线下等渠道进行推广，邀请新用户注册或试用，其目的是提升用户的总体数量。

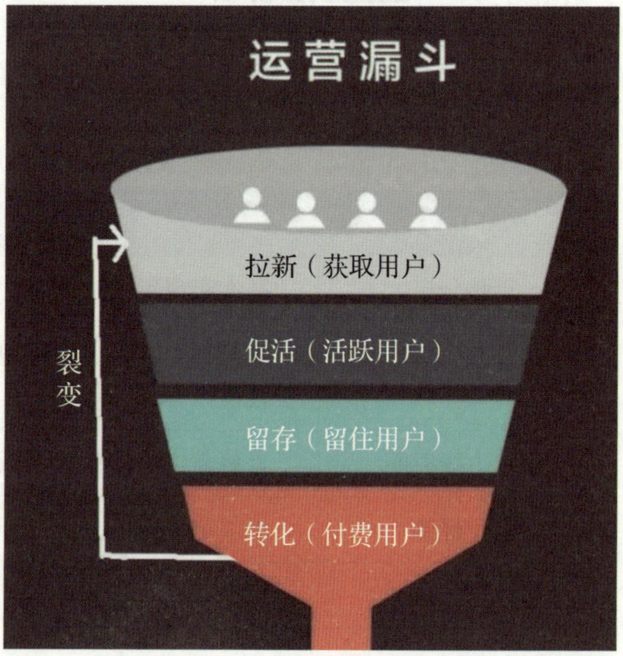

（2）促活。

促活即通过友好的新用户教程、创意的用户活动等方式，让用户每天多次打开软件或进入自媒体账号，其目的是提升用户活跃度。

图3-7 用户运营工作内容

（3）留存。

留存即通过后台分析用户数据，以策划活动、增加功能或发放福利等形式留住用户，其目的是提升用户留存率。

（4）转化。

转化即拥有一定活跃用户后，尝试通过下载付费、会员充值等方式获取收入，其目的是提升用户转化率。

围绕拉新、促活、留存及转化，用户运营可以开展大量细节工作，其中最核心的工作有以下几点：一是绘制用户画像，为用户运营工作锚定方向；二是搭建用户体系，打牢用户运营的基础框架；三是寻找目标用户，提高用户获取质量；四是设计用户玩法，提升活跃度并减少用户流失。

1. 划分用户

为实现精准营销，必须先研究用户的特征及对产品的期望，基于用户行为对用户分类。

（1）流失用户。

流失用户是指那些曾经使用过产品或服务，由于对产品失去兴趣等，不再使用产品或服务的用户。该部分用户可能是网站的注册用户、手机 App 的下载者等。对于流失用户的界定，依照产品服务的不同而标准不同。比如医院，用户长期不生病，但一生病就会去某家医院，并且愿意接受该医院提供的诸如体检等其他服务，并不能认为该用户是一个流失用户；对于手机应用来说，卸载软件并且没有再次安装、一定时期内不再登录使用、选择其他竞争对手产品的用户等，都可以定义为"流失用户"。

（2）留存用户。

在互联网行业中，用户在某段时间内开始使用某种应用，经过一段时间后，仍然继续使用该应用的用户，被认作留存用户。这部分用户占当时新增用户的比例，即留存率，会按照每隔 1 单位时间（如日、周、月）来进行统计。顾名思义，留存指的就是"有多少用户留下来了"。留存用户和留存率体现了该应用的质量和保留用户的能力。

2. 做出清晰的用户画像

用户画像又称用户角色。作为一种勾画目标用户、联系用户诉求与设计方向的有效工具，用户画像在各领域得到了广泛的应用。用户画像是新媒体运营工作的起点，并且为用户运营锚定整体方向。做出清晰的用户画像，需要做好两件事：

（1）提炼用户标签，用故事描述用户画像。

提炼用户标签即利用若干个关键词来描述用户的基本特征。标签是画像的轮廓，有了用户标签，用户画像就有了基本框架。提炼用户标签的过程，实际上是针对以下三个问题的循环研究过程。

①用户是谁？

②用户在哪里？

③用户在做什么？

解决第一个问题——用户是谁，即分析固定属性；解决第二个问题——用户在哪里，即分析用户路径；解决第三个问题——用户在做什么，即分析用户场景。因此，提炼用户标签也可以用一个公式来描述。

$$用户标签 = 固定属性 + 用户路径 + 用户场景$$

固定属性即用户的基本特征，这些特征在短时间内不会发生变化，包括用户年龄、性别、职业、地区、学历等。用户路径即用户的互联网浏览喜好，包括打开频率较高的聊天软件、常用的搜索网站、购物喜好平台等。用户场景即用户在某特定场合或特定时间的动作，如在早上起床、上下班路上、晚上睡前等场景，用户如何学习、如何娱乐等。研究用户固定属性、用户路径及用户场景后，提炼出关键词，就形成了一套完整的用户标签。不过，用户标签只是用户画像的中间过程，呈现出的只是用户画像的基本轮廓，而不是最终的画像结果。新媒体运营者需要在用户标签的基础上进行画像描述，以呈现完整的用户特征。描述用户画像看起来只是一个写作文或写剧本的过程，按照标签进行文字延展。但是在具体描述时，需要做到完整化、细节化。完整化即用户行为全过程完整表述，不能人为地跳过一些步骤；细节化即具体描述用户场景，不能一笔带过，图3-8所示为用户画像。

图3-8 用户画像

（2）绕开画像误区，防止在源头上出错。

使用不恰当的用户画像方法，不但无法获得准确的用户画像，而且会造成用户运营工作的整体跑偏。因此，运营者需要绕开用户画像的误区。

用户画像常见的错误方法共三类，包括提问式画像、大数据画像及代入式画像。

① 提问式画像。

即采用问答的形式获取用户信息，勾画目标用户形象。采用提问式方法，看起来完全围绕用户，而且得到的都是用户的真实信息，但实际上用户画像极有可能出现导向性问题。

一方面，提问者（新媒体运营者）设置的问题选项如果带有倾向性或过于封闭，回答者（用户）的回复将受到限制。例如，提出"你在下班路上喜欢听歌曲还是听相声"，回答者将会从"听歌曲"和"听相声"里选择一个；实际上，用户的真实情况可能是听英语单词，由于没有此选项，用户只好二选一。另一方面，回答者（用户）的回复受其知识水平、过往经验的限制，未必代表其真实感受。

② 大数据画像。

大数据画像即通过百度指数、微指数等互联网大数据，挖掘用户属性，做出目标用户画像。但大数据画像只对一部分企业适用。对于生产数据的互联网企业本身，可以用大数据进行用户画像。

但对于非生产数据的企业，通常不能直接使用大数据进行画像。一方面，大数据不具备完整维度，百度指数只代表行业搜索大数据，微指数只代表行业讨论大数据，微信指数只代表事件热度大数据。另一方面，行业大数据不代表企业大数据，每家企业的粉丝或消费者都有其独特性，不能用全部网民的网络行为来代表企业用户的互联网特征。因此，新媒体运营人员需要根据企业实际情况，决定是否使用大数据进行用户画像。

③ 代入式画像。

代入式画像即新媒体运营者将自己或团队的日常行为进行系统分析，研究自己的上网时间、浏览喜好、常用软件等，尝试提炼自己或团队的特征并代入用户特征，进行用户画像。

代入式画像的最大问题在于新媒体运营者不等于用户。即使看起来是同一个行业、同一种身份或同一个地区，细节属性也很有可能千差万别。代入式方法最终得到的只是运营者自身的画像，而非用户画像。

3. 搭建合理的用户体系

在进行精确的用户画像后，运营者需要继续将用户细分并搭建用户体系，为不同的用户设计差异化运营方式。

在搭建用户体系时，运营者可以借助RFM模型设计管理层级。所谓"RFM模型"，即通过最近一次消费（Recency）、消费频率（Frequency）、消费金额（Monetary）三个指标组成矩阵，用来评估用户价值状况。

根据 RFM 模型的三个指标，可以将用户群体划分为一般保持用户、一般发展用户、一般价值用户、一般挽留用户、重要保持用户、重要发展用户、重要价值用户、重要挽留用户八个级别。

在利用 RFM 模型划分用户级别后，新媒体运营者需要设计相应的用户体系——面对不同的用户，进行差异化管理。不过，在使用 RFM 模型时，运营者不能生搬硬套，而是需要结合企业实际情况设计用户体系。

（1）指标调整。对于不同的企业、不同的产品，"最近一次消费、消费频率、消费金额"三个指标需要进行相应的变化，如表 3-4 所示。

表 3-4 RFM 指标调整

企业产品	三大指标
官方网站	最后一次登录、登录频率、浏览时间
企业 App	最后一次打开、打开频率、停留时间
官方店铺	最后一次下单、下单频率、订单金额

（2）级别调整。虽然 RFM 模型的三个指标可以划分出八个用户级别，但是多数企业会将用户级别简化，由八个缩减为五个甚至更少。

（3）分级运营。划分出不同的用户级别后，新媒体运营者需要进行精细化用户运营，尤其是将重点精力投在优质用户上。对于活跃度高、消费次数多或消费金额大的重要用户，可以设置服务专线、意见优先反馈、定期颁发荣誉奖章；当重要用户可能流失时，通过尝试发放优惠券、推送邮件等形式激活用户。

任务实施

活动一：找到并吸引用户

新媒体运营的效果一般通过粉丝数量、阅读数量、转化数量等指标评估，而这些指标都与用户总体数量成正比。因此，新媒体运营者必须想方设法进行用户拉新工作。

拉新工作力求精准。大量不相关用户会增加客服工作量、降低转化率，最终降低运营效果。获取精准用户分为三个步骤，即识别用户渠道、设计引入形式、给出引入理由。瑞幸咖啡拉新用户，如图 3-9 所示。

项目 3　　用户运营的方法与策略

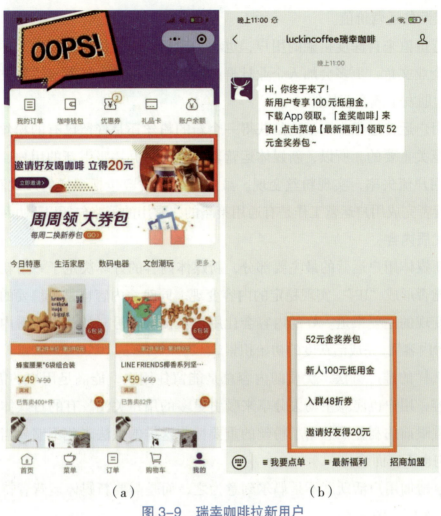

图 3-9　瑞幸咖啡拉新用户
（a）示意一；（b）示意二

（1）识别用户渠道。用户画像常用到标签公式"用户标签 = 固定属性 + 用户路径 + 用户场景"，分析该公式中的"用户路径"，运营者可以识别用户的活跃渠道，即找到用户"出没"的网站或软件，做好渠道布局。

（2）设计引入形式。识别出精准的用户渠道后，接下来需要在此渠道设计引入形式，引导用户关注公众号、进入网站或下载软件。常见的引入形式包括硬广、软文、活动等。引入形式没有固定模板，新媒体运营者可以结合渠道特点及产品特色，加入独特的创意，吸引用户。

（3）给出引入理由。用户不会主动关注毫不相关的公众号或下载不了解的软件，因此即使找到了精准用户并设计出引入方式，依然需要"临门一脚"，即给出引入理由。

活动二：掌握吸引用户的策略

在互联网上，路人指的是浅层次接触的用户，他们可能只是关注了企业微信公众号，转发过企业活动，甚至可能只看过企业的一篇文章。路人有助于提升企业的品牌知名度，但无法产生实际的运营价值。

有效运营价值来自深度接触的用户,也称为忠粉。深度接触的用户,不仅关注企业账号或浏览企业文章,更多会加入企业社群、参与企业活动、推荐身边好友关注企业账号或邀请身边朋友下载企业软件。

新媒体用户运营过程中,不论是获得一个新的粉丝还是挽留已有的粉丝,对于新媒体运营都是至关重要的。所以,新媒体运营者必须想尽办法吸引新的用户、提升用户活跃度、降低用户流失率,实现粉丝变现。虽然新媒体内容包括多样的形式和各种平台,但新媒体运营者完成用户运营工作是有通用策略的,常用的策略包括以下九种:

1. 提供优质内容

内容是新媒体用户运营的最主要部分,新媒体内容的好坏决定了一个新媒体账号是否成功以及能否形成"IP",实现稳定的内容变现。同时,内容也是最稳妥的拉新与促活方式,更是变现的主要渠道。好的内容会让用户从接触账号时的"看一看内容"到"很期待,等着看内容",完成活跃度的初始积累。

无论什么样的推广方法,优质的内容总是能留住用户,能满足用户的需求和喜好。对于好的内容,用户也愿意主动去分享来吸引更多的用户关注。有的自媒体运营者急于变现,只看重眼前的利益而忽略了粉丝的重要性,这样的做法未免不够妥当,对自身带来的负面影响也不言而喻。

通过内容增加用户活跃度不是偶尔刻意为之,而是需要新媒体运营者持续地发出高质量的文章、视频、图片等。

2. 推出创意活动

新媒体运营者可以定期策划与组织企业新媒体活动,通过富有创意的活动吸引用户参与,提升用户活跃度。以微博平台为例,可以设置转发抽奖活动;在微信公众号平台则可以设置评论区抽奖活动。

3. 分享资源促活

资源包括两个方面:

第一方面,从内容角度来说,新媒体可以选择对用户粉丝有帮助的资源信息,让这些信息成为内容的一部分。

第二方面,从纯资源角度来说,新媒体用户运营者可以在部分新媒体平台放置学习资料、成长工具、工作素材等资源并引导用户下载,用资源促活。有两点需要新媒体用户运营者注意:第一,分享的资源内容需要与新媒体账号的内容相关,例如,一个影视评论账号分享PPT模板资源显然是不合适的,分享影视资源或者视频剪辑教程,才是契合该账号粉丝的;第二,分享的资源一定要注意版权问题,尤其是一些素材工具、影音类内容等。

4. 组建温度社群

现阶段新的公众号、富有创意的新媒体产品层出不穷，即使新媒体运营者每天推送有用、有趣的文章，用户对企业的热情度仍然会随着关注时间增加而逐渐减弱。新媒体运营者可以尝试组建用户社群，将企业与用户的关系从冰冷的"账号对人"变为带有温度的"人对人"。

5. 增加高频功能

用户对不同互联网产品的使用频率各有不同，一部分产品属于高频产品，用户打开次数较多，如微信、QQ、微博等；而另一部分产品属于低频产品，用户只有在特定场景下才会打开。低频产品提升用户活跃度，可以尝试增加高频功能，使用户增加在线时长或打开频次。

6. 设置积分体系

新媒体运营者可以参考 RFM 模型，设计对应的用户层级并设置相应的积分体系，每个用户层级享受不同的用户待遇。

7. 设置物质奖励

积分体系完成的是精神层面的奖励，满足用户尊荣感；此外，新媒体运营者也可以设置物质奖励，进一步提升用户活跃度。

8. 引导用户投入

在线下饭店，如果消费者提前预订并已经缴纳订金，往往不会轻易取消预订；但如果只是电话预约，则很有可能会因天气等而取消，因为用户往往对已经付出时间或资金的产品更忠诚。新媒体运营者在进行用户管理时，也可以引导用户进行适当投入，以降低流失率。

9. 尝试推送提醒

当用户长时间没有打开软件或者登录网站时，新媒体运营者可以尝试推送提醒，引导其尽快打开。为了从诸多提醒中脱颖而出，此类提醒信息必须足够吸引用户，应做好三个细节。

首先是信息抓人眼球。用户在没有打开信息的时候只能看到信息标题及前二三十个字，这些文字如果纯粹是广告语或者毫无创意，用户不会点开。

其次是内容强调价值。既然是吸引用户再次登录账号或网站，信息必须准确表述用户回归后的价值，如"我们新增一款适合你的功能""今天有免费优惠券"等。

最后是操作简洁。信息最好包含网址，用户点击后直接跳转到相关页面或软件；否则，用户很有可能会因为操作烦琐而放弃回归。

实战演练

请在表3-5中写下你平时最喜欢的5个新媒体账号,并简单说明其用户运营策略。

表3-5 用户运营策略

序号	账号名称	用户运营策略
1		
2		
3		
4		
5		

项目评价

请将评价填入表 3-6 中，达标画"√"，未达标画"×"。

表 3-6 学习自评

序号	自评知识点	佐证	达标	未达标
1	用户心理需求	能够理解并复述马斯洛需求层次理论		
2	用户购买特征	能够说出用户购买特征的分析指标		
3	用户运营策略	能够说出九种运营策略		
序号	自评技能点	佐证	达标	未达标
4	明确用户需求	能够分析判断身边的新媒体和自媒体运营		
5	掌握用户购买特征	能够根据具体指标分析用户购买行为特征		
6	划分用户	能够依据不同标准划分用户		
7	分析新媒体用户运营策略	能够说出新媒体运营思维		
序号	自评素质点	佐证	达标	未达标
8	创新意识	能够结合市场变化不断创新运营方式		
9	职业道德	遵守新媒体用户运营从业人员职业道德		
10	遵纪守法	遵纪守法，诚信经营		

思考练习

一、简答题

1. 马斯洛需求层次理论包含哪些内容？

2. 新媒体用户购买行为分析指标有哪些？

3. 什么是新媒体用户运营？新媒体用户运营策略有哪些？

二、实训题

名创优品（MINISO）是一个中国生活百货品牌，于 2013 年由叶国富创立。产品涵盖香水香氛、彩妆、美妆工具、电子电器、护肤洗护、休闲食品、纺织品、包装配饰、文具礼品、生活家居、玩具系列 11 大品类，为消费者提供了约 8 800 个核心 SKU（最小存货单位）的美好生活用品。名创优品于 2020 年 10 月 15 日在纽交所上市。2022 年，名创优品正式启动品牌升级战略，推出全新品牌口号"点亮全球99国美好生活"。名创优品已经成功进入全球100个国家和地区，在全球范围内拥有超过5 000家门店，遍布纽约、洛杉矶、巴黎、伦敦、迪拜、悉尼、伊斯坦布尔等全球知名城市核心商圈。

  名创优品品牌创立的初衷是释放当下年轻人的压力，让他们能更轻松地享受有品质的生活。"优质低价""欢乐""随心所欲"是品牌的三大"DNA"。"优质低价"是名创优品打造产品的永恒目标，消费者以亲民的价格，就能买到高颜值、高品质的产品。"欢乐"是消费者在名创优品购物获得开放、自在的感受，沉浸在充满趣味的氛围之中。"随心所欲"是消费者在选购名创优品出售的商品时毫无压力、自由尽兴的极致体验。

  在这些年的发展过程中，名创优品在面临转型、升级时，感触最深的一点是：竞争对手其实不是同行，而是用户。如果看到的只是同行，那结果就是同质化，就是山寨，就是价格竞争。但市场竞争不是同质化产品的价格竞争，而是围绕市场需求发生的，作用是满足需求或者引导需求。那么，市场需求由谁来决定？当然是消费者，也就是用户。今天的消费者已经不是简单的产品购买者和使用者。他们变成了品牌的共建者和拥护者，或者产品的推广者、分销者，甚至是产品的创新者。一旦我们将品牌视为企业与用户的共同体，那么品牌的一切行为，不论是产品研发、营销推广、粉丝活动、媒体策略，都是在与消费者进行沟通共创的过程。所以品牌核心逻辑在于运营用户，而塑造品牌形象就是企业在与消费者进行价值共创、内容共鸣。品牌成不成功，全看消费者买不买账。这也是近年来名创优品开始重视用户对品牌的话语权，将重心从"拉新增长"转移到"重视存量用户"的垂直运营，即用户精细化运营的原因。

  请结合材料和网上的资料分析名创优品用户运营的成功之道。

项目 4
产品运营的方法与策略

从经济学的角度分析,新媒体运营的主要目的是获取经济收益,获取经济收益的途径就是销售产品。在新媒体领域,产品运营隶属于新媒体运营,要求新媒体运营人员综合能力均衡,涉及面极广,既懂运营又懂产品,是一项针对产品并通过各种运营策略来实现运营目标的工作。本项目主要针对产品运营的要素、目标、价值和分类进行探究,进而分析和运用新媒体产品运营策略。

 学习目标

【素质目标】

1. 树立创新意识、创新精神,与时俱进,能够创新新媒体产品运营思维;
2. 具备正确的价值观,服务社会,开展积极向上的新媒体产品运营活动;
3. 践行社会主义核心价值观,树立精益求精、甘于奉献的工匠精神;
4. 养成诚实守信、遵纪守法的习惯,合法从事新媒体产品运营活动。

【知识目标】

1. 理解产品运营的概念、要素和目标;
2. 了解传统企业产品运营和新媒体产品运营的区别;
3. 了解产品运营的根本价值;
4. 理解新媒体产品运营分类;
5. 掌握新媒体产品运营策略。

【技能目标】

1. 明确新媒体产品运营和传统产品运营的区别;
2. 能根据不同的新媒体产品分类选择合适的运营策略;
3. 能根据产品生命周期调整运营重点。

任务1　认识产品运营

案例导入

我们真的知道用户需要什么吗？

明明走进餐馆，点了一份汤，服务员马上给他端了上来。服务员刚走开，明明就嚷嚷："对不起，这汤我没法喝。"

服务员只好叫来经理，经理毕恭毕敬地朝明明点点头，"先生，这道菜是本店的特色拿手菜，深受顾客欢迎，难道您……"

明明说："我是想说，勺子在哪里呢？"

任务描述

看到这个案例，同学们有没有深受启发？很多时候我们认为自己懂市场懂用户，其实真相可能并非如此。我们真的知道用户在想什么吗？真的了解用户的需求吗？在本任务中，我们将探究新媒体产品运营的概念、要素和目标，了解产品运营的根本价值，洞悉用户的真实痛点和需求，从而对他们进行精准定位。

任务准备

1. 产品运营的概念

产品运营指的是从内容建设、用户维护、活动策划三个方面来连接用户和产品，实现产品价值和商业价值的新媒体手段。

新媒体产品运营的具体工作是策划与品牌相关的、优质的、有高度传播性的内容和线上活动，向用户广泛或精准地推送消息，提高用户参与度和品牌知名度，从而充分利用粉丝经济达到相应目的。

运营案例

帆书（原樊登读书），上海黄豆网络科技有限公司品牌。2013年成立的樊登读书会是一个阅读学习平台。2018年"樊登读书会"正式更名为"樊登读书"，2023年"樊登读书"

正式更名为"帆书"。

帆书 APP 为用户提供书籍精华解读、课程、训练营、新职业等服务。核心讲书产品让用户用 45 分钟左右听懂一本好书，辅以视频、图文、思维导图、读后自测等工具，帮助用户加深记忆与理解。

帆书以"帮助 3 亿书友因阅读受益"为使命，以"持续传递好书价值"为企业愿景，以"人生如海，好书是帆"为品牌标语。作为新阅读开创者，帆书坚持"通过精选好书与深入浅出的方式，让人轻松收获实用新知与智慧启发"的价值主张，并围绕阅读产业上下游，逐步拓展书籍出版、线上直播电商、线下培训和实体书店等领域业务。

（资料来源：百度百科 .http://baike.baidu.com/l/iGln3zbf?bk_share=weixin&fr=weixin#）

2. 产品运营的要素

产品运营包含产品、连接和价值三个基本要素。

（1）产品。

产品是新媒体产品运营的核心，通常涉及产品开发、推广等环节的所有产品或功能，以及新媒体中生产和传播的各种形式的信息内容等。新媒体产品可以从两个方面来理解。狭义的新媒体产品指的是独立开发的网站或软件，如电脑网站、电脑客户端、手机软件、游戏、H5 等。广义的新媒体产品可以更细化，企业入驻某平台后销售的商品或开发的功能，如微信小程序、网易云课堂的课程等，都涉及产品开发、推广等环节，因此同样属于新媒体产品。

（2）连接。

在新媒体产品运营的过程中，产品运营者是产品生产者与用户之间沟通的桥梁，运营工作主要是在用户、生产者和其他新媒体运营人员之间展开。产品运营者需要做好与用户、开发者、其他运营者的连接，其日常工作也围绕这三方角色展开，如表 4-1 所示。

表 4-1　产品运营者的日常工作清单

序号	具体工作	连接对象
1	挖掘用户需求	用户
2	倾听用户反馈	用户
3	产品测试	开发者
4	产品升级	开发者
5	用户意见反馈	开发者
6	推送产品软文	内容运营团队
7	设计用户策略	用户运营团队
8	策划产品活动	活动运营团队

（3）价值。

价值是指产品运营实现的产品价值和商业价值，也是新媒体产品运营的根本目的。运营者不能只关注活动人气、内容阅读量等数据，还必须想方设法吸引用户为产品买单，帮助企业实现营销目标。

新媒体运营人员了解产品运营的核心价值，对开展产品运营工作有非常重要的意义。产品运营的核心价值主要表现在向用户传递产品价值、延长产品的生命周期和实现更多的经济收益三个方面。

①从零开始，向用户传递产品价值。

所有的产品都是从零开始营销的，产品运营工作就是将产品推广给更多的人使用，实现产品的用户从无到有，甚至到无数的过程，并在这个过程中不断传递产品的核心价值，让用户习惯使用产品，为产品付费，最后通过反馈、传播和二次创造等方式为这个产品做出自己的贡献。所以，产品运营的一大核心价值就是通过运营工作向用户传递产品价值，这里传递的核心价值其实就是用户选择使用这个产品的理由，也是产品的差异化和核心竞争力所在。产品运营过程中的运营重点是运用各种方法和渠道，凸显和放大产品的核心价值，将其转变为用户更容易理解和接受的形式，并呈现到用户面前。

②不断完善，延长产品的生命周期。

产品运营的核心价值还体现在不断完善并延长产品的生命周期上。产品通常要经历投入期、成长期、成熟期和衰退期四个阶段，产品运营需要在产品的不同生命周期阶段中，通过不同的运营手段来保证产品的正常推广。

a.投入期。在产品的投入期可以先招募一批高质量的用户内测体验，及时得到反馈并改进；或者发展种子用户，为产品制造话题和引起持续的关注，并进行相关信息传播。

b.成长期。成长期的变化主要体现在推广渠道、话题延展性以及用户运营的方式上。成长期中最重要的工作就是快速占领有效市场，可以通过辅渠道、打广告和造话题等方式，在大规模用户的心里形成良好的认知，初步建立品牌知名度，并将用户运营转向精细化运营。

c.成熟期。成熟期产品运营的重点应该是商业变现的模式和用户的活跃度。这一时期的产品用户数量通常保持在一定高度，不需要为了大量增加用户数量而向商业利益妥协，可以通过广告或更多的收费服务实现经济上的收益，这就是商业变现的模式。用户增长速度放缓导致用户活跃度变得异常重要，这就需要新媒体运营人员探索不同的运营策略，提高用户活跃度。当然，这也是用户运营的主要工作之一。

d.衰退期。产品的衰退和人类进入暮年情况相似，是无法阻止的，只能通过一些运营手段延缓衰退期的到来。

产品经历了衰退期后，可能会消失，也可能会蜕变重生，开始新一轮的生命周期。

但对于产品运营来说，运营工作首先需要界定产品所处的生命周期，只有对产品的发展阶段做出了正确的判断，才能对症下药，不断地延长产品的生命周期。

③以结果为导向，实现更多的经济收益。

无论在哪个阶段进行产品运营，都是以结果为导向的，目的就是产生实际的经济收益，这也是衡量产品运营成功与否的重要标准。产品运营工作的目标就是"赚钱"，在具体的产品运营工作中需要将这一终极目标分解成多个小目标，然后通过各种运营手段来实现各个小目标，最终实现大目标，这也是产品运营的核心价值之一。

3. 产品运营的目标

新媒体中所有产品运营的起点其实都是用户，因为任何一款产品都是以用户为出发点，理解和实现用户的需求，而产品运营其实就是怎样更快地向用户提供更佳的问题解决方案。产品运营的目标可以通过业绩收入或用户数量体现出来。也就是说，产品运营的目标主要表现在业绩增收、扩大用户规模和活跃用户等方面。

（1）业绩增收。产品运营就是要找到合适的商业模式或营利模式，将产品销售出去，实现业绩增收。

（2）扩大用户规模。新媒体平台中的用户数量通常可以决定产品的销量，用户规模越大，产品就可能拥有更多的潜在或现实用户。

（3）活跃用户。只有让用户产生兴趣，并且成为产品的忠实使用者或活跃用户，才能实现产品的价值。

【议一议】

你为哪款新媒体产品付费过？付费的理由是什么？

A. 微博

B. 网易云课堂

C. 爱奇艺

D. 百度网盘

任务实施

活动一：区分传统企业产品运营和新媒体产品运营

现阶段不同的企业对产品运营的岗位定位各有不同，运营者需要针对自己的岗位角色，梳理出对应的工作思路。

1. 传统企业的产品运营：项目统筹、一次搞定

传统企业的主要业务通常在线下，其借助新媒体实现简单的企业形象展示、企业产品展示、企业活动宣传等，没必要开发专属的计算机客户端、手机 App。因此其新媒体产品主要指官方网站、官方微信公众号等。蒙牛集团的官方网站和官方微信公众号如图 4-1 所示。

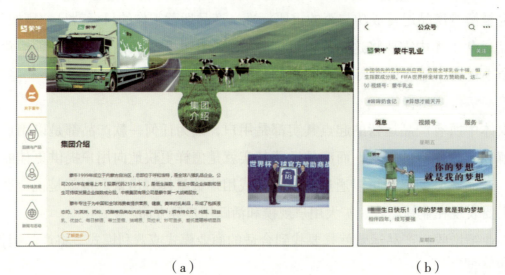

（a）　　　　　　　　　　　　　　（b）

图 4-1　蒙牛集团的官方网站和官方微信公众号
（a）官方网站；（b）官方微信公众号

这类企业往往不需要招聘专门的程序员或工程师，开发工作外包给第三方公司，同时由公司的产品运营负责人进行对接。因此，传统企业负责产品运营，其工作思路是项目统筹、一次搞定。

传统企业的产品运营负责人需要独立完成网站或微信公众号开发的全流程统筹工作，包括开发需求整理、开发界面设计、开发进度跟踪、二次开发反馈等。

网站、微信公众号、小程序等产品的外包性质决定了产品开发的阶段性——从开发到验收，第三方公司会围绕公司需求持续改进；一旦验收完成，第三方公司仅需负责产品稳定运行，改版则需要另行收费。因此，产品运营负责人必须提前做好页面设计、栏目规划、功能设计等，防止由于策划失误而频繁改版，增加开发成本。

2. 互联网企业的产品运营：用户沟通、产品迭代

互联网企业的产品不仅包括基础的官方网站、官方微信公众号，还包括手机 App、计算机客户端、游戏等，如腾讯旗下的 QQ、阿里巴巴旗下的淘宝、美团旗下的美团外卖等。

互联网企业本身有网页开发工程师、产品 UI 设计师、软件开发工程师等岗位，一般不需要外包公司进行产品开发，此时产品运营负责人的工作思路由"项目统筹、一次搞定"改为"用户沟通、产品迭代"，即做好用户沟通，倾听用户反馈，再与开发工程师一起做好产品迭代与升级工作。百度网盘与微信的"帮助与反馈"如图 4-2 所示。

（a） （b）

图 4-2 百度网盘与微信的"帮助与反馈"

（a）百度网盘；（b）微信

3. 传统企业产品运营的"互联网+"模式

"互联网+"是互联网思维的进一步实践成果。党的二十大报告提出，"加快发展数字经济，促进数字经济和实体经济深度融合，打造具有国际竞争力的数字产业集群。"对传统企业而言，借助信息通信技术以及互联网平台，让互联网与传统行业进行深度融合，有助于创造新的发展生态。

当传统企业尝试开发新媒体产品并进行互联网转型时，产品运营负责人，必须马上识别出角色变化，并做出"互联网+"模式下的工作思路调整，如表 4-2 所示。

表 4-2 传统企业产品运营的模式转换

模式	产品运营思路	运营细节工作
传统模式	项目统筹	开发需求整理、开发界面设计、开发进度跟踪、二次开发反馈等
	一次搞定	第三方公司沟通、产品调试、产品验收等
"互联网+"模式	用户沟通	用户数据监测、用户意见管理等
	产品迭代	网站性能优化，软件版本更新等

例如，中国石油化工集团公司作为一家典型的传统企业，其官方网站自从 1997 年 3 月注册开始，一直以企业宣传、产品介绍、新闻公告等功能为主，如图 4-3 所示。

图 4-3　中国石油化工集团公司网站

自 2013 年起，该公司就推出了中国石化网上营业厅网站，网站用于实现网上加油卡预约、订单查询、加油卡充值等功能，如图 4-4 所示。

图 4-4　中国石化网上营业厅网站

随着中国石油化工集团公司的互联网转型升级，其产品由典型的单一展示型网站变为"企业官网+网上营业厅"的双产品模式，而公司的新媒体运营人员也对策略进行了调整。

（1）工作重点由内容变为用户，从之前的"新闻编辑、新闻发布"改为"用户数据观察、用户反馈跟进"等。

（2）工作思路从"一次搞定"到"优化迭代"，对网站处理速度、报错次数等进行反复调整和优化。

【练一练】

试比较传统产品运营与新媒体产品运营的不同。请将正确选项的字母代号填入表 4-3 中对应的位置。

表 4-3 传统产品运营和新媒体产品运营的对比

比较的维度	传统产品运营	新媒体产品运营
运营目标		
运营手段方法		

A. 保证产品质量，便于交付销售
B. 促进用户与产品的关联
C. 传统媒体（电视、报纸、广播）等
D. 以互联网为基础的社交分享、口碑传播、病毒式扩散、互动参与等

活动二：实现新媒体产品运营的价值最大化

新媒体产品运营的根本价值在于满足用户需求，驱动产品价值最大化。主要包含三层意思：第一，运营要驱动产品运转起来；第二，运营要确保产品持续长久稳定地运转；第三，运营要促使产品运转效率处于具有竞争力的地位。通俗地讲，就是使产品转起来、持续转和转得快。

1. 转起来

当一款新的新媒体产品上线后，运营要使产品初步运转起来，需要做的工作就是让尽量大范围的目标用户了解产品的功能价值，体验产品的亮点特性，从而尝试去使用产品。具体来说，需要完成以下几项工作。

（1）产品信息设计。

产品信息设计主要包括两个层面的工作：第一是拟定和撰写产品信息，包括产品是什么，有什么特色，能带给用户什么价值。第二是产品的宣传信息文案设计，即要从第一步汇集的产品信息基本内容中，提取关键信息，按照用户特性和信息展示渠道特点，以用户看得懂、喜欢看的形式设计文案及展示形式。如王老吉凉茶产品信息中关于其功效的介绍是：清凉祛火，清热解毒。但在面向用户宣传时，为了让用户有形象直观的理解，经设计后推出的产品宣传信息是：怕上火，喝王老吉！

（2）产品信息推介。

产品信息设计妥当后，就需要将其推至用户面前，即触达用户。这就涉及推介渠道的选择以及推介形式的设计。首先，要明确产品面向的人群是哪些，然后观察分析这些人群具有什么特点，经常在什么场合出现，那么渠道的选择就要确保能触达该场景。例如，一款针对普通上班族的产品，对其宣传推荐渠道就可以选择公交、地铁广告，因为上班族绝大多数要乘坐公交、地铁通勤。其次，针对不同渠道的信息展现形式也是不同的，例如，地铁站里人来人往，人们的停留时间很短，适合巨幅的信息简洁的海报宣传；而在地铁车厢中，人们停留的时间较长，就可以选择以视频广告的形式进行播放宣传。

（3）产品价值咨询。

当产品信息有效地触达用户引起用户兴趣之后，用户可能就会有各种各样待解答的疑惑，这时运营需要及时为用户答疑解惑并顺势引导用户深入了解产品能提供的价值，鼓励用户尝试体验产品，并做好产品操作使用流程和方法的指导。

通过以上三方面工作，吸引目标用户关注并体验和使用产品，可以初步实现使产品运转起来的目标。

2. 持续转

让产品初步运转起来只是实现了运营的第一步。如果通过各种运营手段，使用户去尝试使用了产品，但用户因不满意而停用，那么这个产品同样还是无法运转下去。所以运营更为关键的价值是使产品持续地运转下去，即不但有越来越多的用户开始尝试使用，还有越来越多的用户愿意高频次、深度地使用产品解决其某方面的问题和需求。

实际上，实现产品"持续转"的前提就是要实现用户价值最大化，即产品能真正解决用户的需求和问题，而且解决的效率高、用户使用体验好，用户就会持续使用甚至依赖产品。这样，产品也就会持续运转存活下去。具体来说，运营在这个阶段的工作主要包括以下几方面。

（1）用户支持服务。

用户支持服务主要包括对用户使用产品过程中的问题、困难进行实时解决，扫清用户使用产品的一切障碍，如使用流程、技术操作上的问题和疑惑，与产品相关的其他咨询等。例如，电子商务类产品中，用户最为敏感的环节就是涉及金钱支付的部分，这时，如果出现一些故障或令用户担心的问题，必须通过相应的运营服务及时地为用户释疑解惑，消除其疑虑。否则，将很容易影响用户的情绪，进而对产品的使用价值产生负面评论。

（2）使用环境维护。

使用环境维护主要是确保产品提供的价值以及营造的环境与目标用户的目标诉求是一致的，清理产品中可能涌现的干扰用户使用体验的无关内容和功能，打造一个纯粹一致、健康稳定的产品使用环境。例如，在一个新闻App中，如果经常出现假新闻，将会使用户失去对产品的信任从而选择离开。所以，运营人员要通过相应的运营体系和机制，保障产品中的信息内容必须是符合产品定位的，不能允许有违反法律、道德的低俗或不健康内容出现。另外，在产品功能上也要确保所有的功能点始终围绕强化产品的核心价值而存在。

（3）产品迭代优化。

运营人员在为用户提供支持服务和维护用户使用环境的过程实际上就是观察、分析用户使用产品行为及与用户深度交互的过程。在这个过程中，运营人员是很容易获得"用户对产品哪些功能比较赞赏""对哪些功能常常吐槽"这样的产品应用反馈数据的，通过对这些数据的精细分析和深度解读，可以得出产品的迭代优化方向和具体设计，从而持续地提升用户的使用体验。只有这样，用户才能持续不断地使用和依赖产品，确保产品能够持续运转。

通过以上三个方面的工作，促使用户持续稳定地使用产品，实现用户价值最大化，这是运营发挥的第二个层面的价值，也是十分重要的价值。因为只有实现了用户价值最大化，才有可能实现产品价值最大化的目标。

3. 转得快

对于产品生产经营方来说，通过实现用户价值最大化从而实现产品价值最大化才是其终极目标。通俗地说，产品方最终也是要获得利益回报的。获得利益回报的前提是什么？那就是产品要提供独有的优于他人的价值，从而使其处于行业领先地位。要想提供优于竞争对手产品的价值，主要从两方面入手：一方面是从效率上入手，提升产品的服务效率，即比同类竞争性产品更快地提供服务；另一方面是从品质上入手，提升产品的服务质量，即提供别人没有的价值或者别人有的但我方更优的价值。只有这样，才能确保产品始终处于领先地位，又好又快地持续发展下去。

具体来说，为了使所运营的产品处于领先地位，在这个层面上，运营人员需要做以下几方面的工作。

（1）深度挖掘用户潜在需求。

所谓潜在需求，就是连用户自己也说不清楚的需求。根据新媒体产品需求模型KANO的定义，用户的需求一般分为三个层次，即基本型需求（无差异属性）、期望型需求（期望属性）和魅力型需求（魅力属性），如图4-5所示。

①基本型需求是用户认为产品"必须具备"的属性或功能。当其

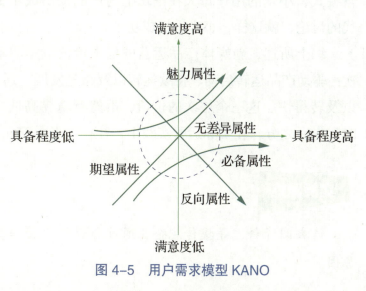

图4-5　用户需求模型KANO

特性不充足（不满足用户需求）时，用户很不满意；当其特性充足（满足用户需求）时，用户也可能会表现出不满意。对于基本型需求，即使超过了用户的期望，只要稍有一些疏忽，未达到用户的期望，则用户满意度将一落千丈。对于用户而言，这些需求是必须得到满足的，也是理所当然的。

②期望型需求要求提供的产品或服务比较优秀，但并不是"必需"的产品属性或服务行为，有些期望型需求连用户都不太清楚，却是他们希望得到的。在市场调查中，用户谈论的通常是期望型需求，期望型需求在产品中实现得越多，用户就越满意；当没有满足这些需求时，用户就不满意。

③魅力型需求要求提供给用户一些完全出乎意料的产品属性或服务行为，使用户产生惊喜。当产品提供了这类需求中的服务时，用户就会对产品非常满意，从而提高用户的忠诚度。当产品发展到这个境界时，实现回报即可顺理成章、水到渠成。

通常，在产品正式上线发布时，基本型需求是必须具备的，也要集中满足用户某个方面的期望型需求。但魅力型需求，用户并不会直接告诉运营人员，而是需要在运营过程中，结合运营数据分析以及与用户交互沟通过程中产生的对用户潜在需求的敏锐感知，靠运营人员不断深入挖掘。

（2）提升用户参与感。

当用户成为产品设计和运营的一员时，就会产生一种主人翁情怀，会把产品当作自己的成果精心呵护，从而敞开心扉、建言献策。当一个产品聚集了某个人自己的想法和贡献时，必然会使其有成就感，也必然会让他对该产品倍加呵护和爱惜，并积极向周围人推广和宣传。同时，作为用户中的一分子，其对同类群体的需求把控和洞察更为贴切、精细，更有利于挖掘出满足用户的魅力型需求。所以，在运营过程中，运营人员要善于发掘和培养用户中的积极分子和铁杆粉丝，为他们搭建参与产品设计和运营的机制和舞台，提升他们的参与感。例如，我们熟知的小米手机，就采用了用户深度参与产品的运营模式，小米的用户每天在论坛上为产品提出成千上万种意见，并深度参与关于产品迭代的讨论，就这样，小米手机成功了。

综上所述，新媒体产品运营的根本价值就是驱动产品价值最大化，具体分为三个层次：驱动产品运转启动、持续运转以及领先发展。通俗地讲，就是让产品转起来、持续转以及转得快。这三个层次的价值，虽然有境界高低之分，但在具体工作过程中，并没有时间先后之分，在实际运营实践中，往往三者是交相融合、并行发生的。

实战演练

请查阅资料，寻找传统企业通过新媒体运营转型成功的案例，并分析其转型成功的原因。

任务2　运用产品运营策略

得到是一款由逻辑思维团队出品的App，于2016年上线，提倡碎片化学习方式，让用户短时间内获得有效的知识。其主要面向年轻、高学历、白领、高收入等人群，旨在为用户提供"省时间的高效知识服务"。得到App设置了商学院、科学学院、人文学院、社科学院、视野学院、能力学院等六大学院，提供了不同种类的课程。得到大学的愿景是建设一所世界领先的终身学习型的通识大学。线上，得到大学给学员提供一套从各行各业提取的多元思维模型课程；线下，得到大学组织来自不同行业领域的学员进行面对面的集体学习。得到主要经历了如下发展阶段。

1. 储备期（2012年12月—2015年11月）

《逻辑思维》开播，以魅力人格体讲述各种知识的视频自媒体，做互联网社群，以内容聚粉丝，收入为广告＋社群活动。这一阶段囤积了大量粉丝，为得到App奠定了流量基础。

2. 投入期（2015年11月—2016年3月）

V1.0~V1.2.2。初版上线，以音频和电子书为基础，主要摸索核心业务及基础功能的优化。

3. 成长期（2016年6月—2017年8月）

V2.0~V2.8.2。开始推出付费订阅产品，以专栏产品为主，辅助以知识新闻和每天听书；随后主推订阅专栏，优化使用体验，增加用户黏性。同时，也提升其他产品的重要性：每天听书、理想知识内参、驻场大神等。平台内容呈现出百花齐放之势，同时增强分享和学习的功能。

4. 成熟期（2017年8月至今）

V3.0.0至今。对付费用户更加重视，增加VIP特权种类，在知识服务上加强体验：精选书单、知识账本、优惠券，进一步增加用户黏性。同时，还不断升级产品体验，优化产品内容。

（资料来源：百度百科.http://baike.baidu.com/l/gCDxUS4I?bk_share=weixin&fr=weixin#）

任务描述

虽然一款产品会因类型、生命周期阶段等因素的不同而使制定的运营策略也各有侧重点,但是底层逻辑是相通的。新媒体产品运营人员只有掌握相关方法和策略,能根据数据反馈不断地调整和优化运营策略,才能达到更好的运营效果。本任务将介绍产品种类、产品运营策略。

任务准备

1. 产品分类

新媒体产品运营需要明确什么样的产品搭配什么样的运营策略。我们可以将新媒体运营的产品分为两大类。

(1)平台提供型产品:指的是不以销售某种具体的商品或服务为目的,而是本身起到类似孵化器的作用,将自身的平台系统提供给需要销售具体产品的企业或个人用户的新媒体产品类型,简称平台产品。如淘宝、京东、拼多多、抖音、小红书等。

(2)平台入驻型产品:指的是依靠平台为用户提供产品,在平台注册账号并上传到平台的产品,简称入驻产品。如微信公众号是在微信平台上运营的,微博账号则是在微博平台上运营的。

平台入驻型产品又可以分为实体售卖(如在淘宝销售实体商品)、内容产品(如微信上的网络课程、得到专栏、分答的课程等)、应用产品(基于 App Store 等应用市场的 App 产品)三类。

2. 产品运营策略

(1)平台提供型产品的运营策略。

平台的价值体现在入驻产品和用户之间的连接,而实现连接的基础则是平台的用户和入驻产品达到一定的数量。针对平台提供型产品,平台运营者应该着重提升流量,策略导向是不断吸引新用户入驻,鼓励用户不断发布新的产品及内容,依托用户不断提升平台影响力。基于此类平台的运营策略通常有以下几种。

①渠道搭建。

想要吸引更多用户入驻、源源不断地发布作品,平台产品就需要为这些入驻用户提供各种各样的推广及变现渠道,渠道开发得好,就能达到双赢的效果。这些开发渠道包括合作自媒体或网站、自营自媒体、付费广告等。其中,投放广告又是这些方法中引流最快最有效的方法,如投放百度搜索页面广告、投放腾讯广点通广告、投放论坛横幅广告、投放视频广告等。

举个例子，为了吸引更多流量，京东尝试通过多个渠道进行推广，如在 360 搜索页面投放广告，当用户搜索"手机"这个关键词时，首先出现的是京东官网，如图 4-6 所示。

图 4-6　在 360 搜索"手机"的页面

②规则引导。

运营规则是平台的总纲领，清晰准确的运营规则能够在平台运营过程中友好地引导入驻产品和用户的行为，保证平台的生态环境稳定循环，有效地保护平台、用户以及用户的用户等三方的权益。

此外，需要通过一些有效的激励规则源源不断地激发用户的热情，持续发布或产出新的产品及内容。制定维护权益的规则，如淘宝对于商家经营的要求，对消费者权益的维护规则等；制定激励规则，如 B 站对于优质的视频 UP 主提供的激励措施等。

例如，京东就制定了清晰的平台运营规则，一方面将消费者在购物过程中可能遇到的所有问题提前说明；另一方面对商家开店、运行、退款、处罚等相关规则进行具体描述，如图 4-7 所示。

图 4-7　京东·平台规则

③活动统筹。

活动统筹是指将整个平台的商家活动组织在一起，进行统一联动，活动统筹的规模越大就越容易得到用户和媒体的关注，能在一定程度上提升平台的热度。平台用户为了实现自己的商业价值会主动举办活动来吸引人气。例如，B 站的一些 UP 主会通过抽奖、评论留言或转发等形式来吸引新粉丝。平台也可以提供一些交互活动，激起平台用户的创作或销售热情。例如，微博为明星准备的各项投票活动，既激发明星团队的热情，又激发粉丝的热情。也可以借助法定节假日或自创节日，如天猫"双 11"和京东"618"购物节，网易云课堂"全民充电节"，喜马拉雅"123 知识狂欢节"等。

【议一议】

你还听说过哪些平台活动？请列出三个平台活动的名称。

（2）平台入驻型产品的运营策略。

针对平台入驻型产品，运营人员通常需要在运营中关注这些平台上被用户知晓的可能性有多高，即如何提升在这个平台上的名次，提升用户好评度，使用户持续关注并且愿意转发给更多人知晓，通常有下列几种策略可供借鉴。

①排名优化。

平台产品通常会将运营的重点放在提升平台流量上，而在平台中入驻的产品则需要将这些流量有效地引导到产品页面中。各大新媒体平台通常都有搜索功能，搜索到的产品通常会按照一定的顺序进行排名，产品排名越靠前，曝光效果越好。所以，入驻产品的运营重点就是提升自身在平台中的排名，这就是通常所说的排名优化。运营者可以通过以下三个步骤进行产品排名优化。

a. 找到产品展示入口。运营者要先了解平台是通过哪些入口向用户展示产品的，再分析如何逐一优化产品在每个入口的排名情况。常见的产品展示入口有首页推荐页面、分类推荐页面、搜索展示页面等。

b. 分析每个入口下产品的排名规则。平台一般会将产品的上架时间、产品销量、产品点击率、产品购买率、产品好评率等因素作为产品排名的依据。

c. 根据排名规则对产品进行优化。在了解了平台是依据哪些因素对产品进行排名后，运营者就需要根据排名规则对产品进行优化。

新媒体产品运营中入驻产品运用排名优化的策略通常会体现在标题、描述、销量、评价四个方面。

- 标题：运营人员需在标题或副标题中加入搜索频率高的关键词。
- 描述：运营人员需在设置产品详情页时，加入大量关键词，提升搜索效率。

- 销量：运营人员需通过促销、封面推广等营销手段，将产品销量提升到搜索排名的前列。
- 评价：运营人员需在保证产品质量的前提下，尽可能多地引导用户给出优质评价，回复用户各种疑问，并及时处理差评。

例如，图书《新媒体数据分析》入驻京东平台后，占据了新媒体数据、新媒体数据分析、新媒体分析等词的搜索结果排名第一位，主要原因是该图书产品在上述"标题、描述、销量、评价"四个方面均优于同类图书。

首先是标题。《新媒体数据分析》在产品主标题及副标题中加入了用户搜索频率较高的关键词，如新媒体数据分析、电子商务数据分析、微信公众号数据分析等，如图4-8所示。

图4-8　《新媒体数据分析》一书在京东平台的详情页

其次是描述。产品详情页除了精美的图片外，增加了"数据分析"等关键词的密度，进一步提升搜索效率，如图4-9所示。

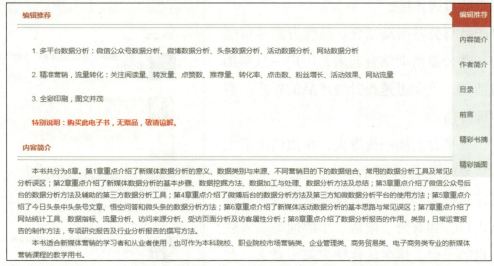

图4-9　《新媒体数据分析》一书在京东平台详情页的编辑推荐

再次是销量。在出版社、作者团队、粉丝社群等多个渠道的共同发力下,《新媒体数据分析》的销量也居同类书籍榜首。

最后是评价。差评率过高将直接影响排名,为了提升评价,该图书运营团队进行了两方面工作。一方面,在撰写过程中严格把控书籍质量;另一方面,鼓励购买者留言,给出对作者的建议。由于做好了这两项工作,《新媒体数据分析》的好评率保持在100%,如图4-10所示。

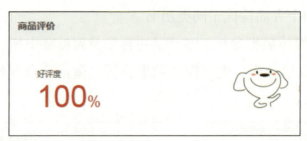

图4-10 《新媒体数据分析》一书在京东平台的好评度

围绕标题、描述、销量、评价四个方面进行优化,《新媒体数据分析》在京东、淘宝、当当等相关平台成功"霸占"了首页位置,获得了销售与口碑的双提升。

②口碑传播。

非知名品牌入驻产品想要通过产品运营获得较好的效果,但又不能花费太多,最佳的运营方式就是口碑传播。特别是中小企业或个人,"花钱买流量"的高成本推广方式需要改为用"口碑赢得用户"的形式来传播,传播时需要注意以下三点。

a. 利用热点事件吸引流量。这种方式需要选择合适的热点,也就是说,热点要与产品或品牌产生关联,另外就是要注意传播的时机。

b. 制造具有舆论性的话题。舆论性话题是形成口碑效应的重要因素,这就需要编辑策划出有争议、有态度的话题,吸引受众的关注,并获得用户的口碑传播。

c. 将产品与公益活动结合。品牌方需尽可能将产品与一些公益活动结合起来,用户一旦参加这些公益活动,就会迅速提升对产品的好感,容易形成口碑传播。

例如,某平台主播一夜爆火,在微信搜索主播名字的结果如图4-11所示。

需要特别强调的是,现阶段部分平台不提供全站搜索入口,如有赞、微店、小鹅通等。入驻无搜索入口的平台,排名优化便失去了意义。此时,上述运营策略中的排名优化必须转变为吸引

图4-11 在微信搜索主播名字的结果

流量，其运营重点是为产品持续引入流量。

例如，中央电视台某主持人创办的品牌"凯叔讲故事"，其微店的主要引流方式是公众号按钮——单击公众号左下角的"听故事"按钮即可直接购买相关商品，如图4-12所示。

图4-12　凯叔讲故事微店引流页面

任务实施

活动一：识别产品类型

新媒体产品运营需要针对产品类型采取对应的运营策略。不过，新媒体产品没有固定的分类方法，前文介绍了平台提供型产品和平台入驻型产品两大类。例如，按照场景划分，可以将新媒体产品分为出行类、社交类、观影类、电商类、餐饮类、知识类等，如表4-4所示。

表4-4　按照场景划分的新媒体产品类型

场景	新媒体产品类型
出行类	滴滴出行、神州租车、12306、去哪儿网等
社交类	QQ、微信、旺旺等
观影类	猫眼电影、豆瓣电影、爱奇艺影音、暴风影音等
电商类	淘宝、京东、中粮我买网、苏宁易购、国美在线等
餐饮类	美团外卖、大众点评、下厨房等
知识类	网易云课堂、腾讯课堂、百度传课、荔枝微课等
……	……

再如，按照人群划分，可以将新媒体产品分为学生类、职场类、女性类、老年类等，如表4-5所示。

表4-5　按照人群划分的新媒体产品类型

人群	新媒体产品类型
学生类	作业帮、小猿搜题、51Talk、伴鱼英语等
职场类	智联招聘、中华英才、51Job、钉钉等
女性类	美柚、太平洋女性、穿衣助手、每日瑜伽等

续表

人群	新媒体产品类型
老年类	老人桌面、智者桌面、爱家养老、手机放大镜等
……	……

又如，按用户需求的不同，可以将新媒体产品大致分为内容类、社交类、工具类、电商类等，如表4-6所示。

表4-6　按照用户需求划分的新媒体产品类型

用户需求	新媒体产品类型
内容类	小红书、抖音、快手等
社交类	微信、豆瓣等
工具类	滴答清单、QQ音乐、携程旅行、百度地图等
电商类	淘宝、京东、闲鱼、美团等
……	……

实战演练

按照商业模式，电子商务可以分为BtoB、BtoC、CtoB、CtoC等，请上网搜索这四类商业模式对应的新媒体产品，在表4-7的每种类别下至少增加两个典型的新媒体产品。

表4-7　商业模式及其对应的新媒体产品

商业模式	新媒体产品
BtoB	如慧聪网
BtoC	如小米官方网站
CtoB	如猪八戒网
CtoC	如淘宝网

活动二：根据产品生命周期调整运营重点

运营者往往希望新媒体产品刚上线便马上火爆，刚推出就供不应求，但是几乎所有的新媒体产品都会经历从诞生到衰落的过程，这个过程也被称为新媒体产品生命周期。新媒体产品生命周期是指新媒体产品的市场寿命，即新媒体产品从进入市场开始，直到最终退出市场为止所经历的市场生命循环过程。新媒体产品生命周期可以划分为四个阶段，即投入期、成长期、成熟期、衰退期。由于新媒体产品存在生命周期，因此产品运营也不能采用"一招鲜吃遍天"的一成不变方式，而是需要在产品生命周期的不同阶段抓住不同的运营重点，如表4-8所示。

表4-8 产品不同生命周期阶段的运营重点

生命周期阶段	产品运营重点
投入期	产品优化、口碑传播
成长期	事件策划、渠道发力
成熟期	促进活跃、提高转化
衰退期	产品转型、用户导流

1. 投入期：产品优化、口碑传播

投入期是产品完成研发试用并上线的过程。这一阶段需要产品运营者重点完成如下两件事。

（1）产品优化。

上线的产品一般不会百分之百完美，因此产品运营者必须全面接触用户，收集用户反馈并发至研发部门，尽快做出调整。常见的反馈收集方法如表4-9所示。

表4-9 常见的反馈收集方法

类别	用法
系统分析	设置用户跟踪代码，后台自动分析
被动收集	公布客服邮箱、设计用户反馈页面、放置客服按钮等
主动收集	发起用户访谈、发起"挑刺"活动等

（2）口碑传播。

投入期的产品处于"不完美"时期，如果在此时进行大规模推广，万一出现问题容易导致用户大量流失。因此，这一时期需要运营者在没有推广的情况下设计传播环节，引导用户自发推荐给好友，提高产品的知名度。

例如，"逻辑思维"团队出品的知识服务软件"得到"，在投入期就设置了好友的传播入口，随时可以将公众号推荐给朋友，如图4-13所示。

图4-13 得到公众号"推荐给朋友"功能页面

2. 成长期：事件策划、渠道发力

进入成长期，产品开始正式被推广，进入快速增长阶段。这就需要运营者想方设法获取新用户：一方面，围绕产品策划相关事件，进一步提升产品知名度，提升人气；另一方面，在多渠道发力，扩大产品的用户基数。

（1）事件策划。

成长期的事件策划即运营者围绕产品策划相关事件，引起媒体和消费者关注，以求提高产品的知名度。

（2）渠道发力。

在增长期，要充分挖掘可以为产品引流的渠道，增加产品曝光量。运营者可以用于产品宣传的常见渠道有如下几种。

①企业官方自媒体，如官方网站、官方微博、官方微信等；

②合作自媒体，如行业论坛、行业微信公众号等；

③付费广告，如百度广告、微博广告、论坛广告位等。

需要强调的是，投入期的"渠道发力"不局限于线上渠道，也可以尝试传统的线下推广。

3. 成熟期：促进活跃、提高转化

成长期的重点工作是"拉新"，而成熟期的重点工作则是"促活、转化"。

（1）促活。

促活即"促进用户活跃"，通俗一点说就是让产品的用户愿意更频繁、更主动地使用产品、喜欢产品乃至依赖产品。活跃的用户会经常登录使用产品，在产品平台上留言、评论，为网站、产品、平台创造价值，是真正有用的用户。

例如，打开任何一个QQ群，都会发现在每个群成员名字前面标有"活跃""吐槽""冒泡""潜水"等标签，相应表示从最活跃到最不活跃，这是根据每个人平常在群里留言互动的频繁程度来确定的标签。QQ群里活跃的成员，通过多次的发言，可以保持整个群的气氛和热度，带动不活跃的成员加入讨论互动，这就是活跃用户的价值。促活的目标可以分为两大部分：让不活跃的用户变得活跃；让活跃的用户变得更加活跃以及持续活跃。

活跃用户可以根据使用的频率来定义，每周登录/使用多少次为周活跃用户，每个月登录/使用多少次为月活跃用户。根据产品属性的不同，对活跃的定义也是不同的。一般可以通过一些运营活动来促进用户的活跃。例如，下载注册产品、领奖品活动、登录攒积分活动、每日打卡活动等。如QQ早年推出的QQ等级，就是典型的促进用户活跃的手段，曾经有许多人每天登录QQ就是为了升级自己的等级，而现在QQ等级也代表了一个QQ使用者的地位，如图4-14所示。

（2）转化。

通过各种方式获取新用户、促进活跃度，这些只是新媒体产品运营的表象诉求，更本质的诉求是通过聚集海量忠实用户，把这些用户服务好的同时，实现产品商业价值的转化，就是实现产品所属企业的营收。所以，转化就是促使用户为新媒体产品实现营收而付出，既可以直接付出金钱，也可以付出关注度、情感等。

图 4-14 QQ 的等级界面

运营者可以通过一定的渠道策略等提升用户活跃度、降低用户流失率，将路人变为忠粉。如可以通过内容、活动、资源、社群等策略来实现转化。

①内容。好的内容会让用户从接触账号时的"看一看内容"到"很期待，等着看内容"，完成活跃度的初始积累。通过内容增加用户活跃度需要持续的高质量文章、视频、图片等来吸引用户。

②活动。运营者可以定期策划与组织企业新媒体活动，通过富有创意的活动吸引用户参加，提升用户活跃度。

③资源。运营者可以在部分新媒体平台上放置学习资料、成长工具、工作素材等资源并引导用户下载，用资源促进活跃度。

④社群。运营者可以通过组建用户社群，将企业与用户的关系从冰冷的"账号对人"变为带有温度的"人对人"。

4. 衰退期：产品转型、用户导流

产品进入衰退期，运营者需要采取积极的手段减少损失。

图 4-15 人人网转型后的界面

（1）产品转型。

如果在现有的产品基础上还可以进行开发与调整，可以尝试进行产品转型，迎合消费者的新需求。

例如，实名制社交网络平台"人人网"从 2005 年创办以来，不断开拓校园市场，成为国内最大的校园社交网站之一。但 2012 年后，随着网站流量的下降，人人网开始逐渐砍掉开心农场、站内信等功能，增加了人人音乐、人人影视等模块，其目的是尝试通过产品转型激活用户，如图 4-15 所示。

（2）用户导流。

如果原有的产品形态已经无法继续开发，转型无从下

手，则需要开发另一款产品，将现有产品的用户引导到新产品或新平台上。

产品导流可以采用以下五种方式。

①发消息。运营者可以借助站内信、邮件、短信等形式，直接邀请用户点击进入新产品或新产品下载页面。

②做活动。运营人员可以用"一起穿越""我们搬家啦"等趣味活动形式，鼓励用户参加活动，使用新产品。

③发福利。运营者可以在新平台或新产品上设计"诱饵"，如现金红包、课程资料、物质奖励等，引导用户使用新产品。

④做内容。每款产品都有可挖掘的内容，如产品理念、开发历程、创业者故事等。利用图文或视频的形式，运营者可以坦诚地告诉用户目前的产品情况，用内容打动用户，实现导流。

⑤做排名。对于严重依赖百度、淘宝等搜索引擎流量的产品，其用户主要通过搜索关键词并点击的方式进入。因此，可以先开发好新产品并做好搜索引擎优化，随着新产品排名提升，用户逐渐迁移。

实战演练

某公司的主要产品是计算机端购书网站。随着网站流量的下降，该公司在微信公众号开发了"线上购书"功能，并计划关闭计算机端网站，发力移动端。如果你是网站新媒体负责人，结合本节讲述的产品导流的五种方法，讲一讲你会如何开展用户导流工作？

项目评价

请将评价填入表4-10中，达标画"√"，未达标画"×"。

表4-10 学习自评

序号	自评知识点	佐证	达标	未达标
1	产品运营的概念	能够理解并复述概念		
2	产品运营的要素	能够说出三个基本要素		
3	产品运营的目标	能够说出三个目标		
4	产品运营分类	能够说出两个基本大类		
5	产品运营策略	能够根据不同产品类型选择不同的运营策略		
序号	自评技能点	佐证	达标	未达标
6	区分传统企业和新媒体产品运营	能够说出两者的区别		
7	识别新媒体产品类型	能够识别不同的产品类型		
8	驱动产品价值最大化	能够通过一定方法驱动产品价值最大化		
9	调整产品生命周期运营重点	能够根据产品生命周期调整运营重点		
序号	自评素质点	佐证	达标	未达标
10	创新意识	能够结合市场变化不断创新运营方式		
11	职业道德	遵守新媒体运营从业人员职业道德		
12	遵纪守法	遵纪守法，诚信经营		

思考练习

一、简答题

1. 什么是新媒体产品运营？其要素有哪些？目标是什么？

2. 新媒体产品运营的分类有哪些？新媒体产品运营策略有哪些？

3. 产品生命周期不同阶段的运营重点分别是什么？

二、实训题

"一"百科是一款即将全面上市的知识短视频 App，以短视频重新定义知识。"一"百科 App 涵盖科学科普、生活健康、影视娱乐等内容，有"一"百科课堂、"一"百科少儿、"一"百科实验室、"一"百科真人秀等栏目。"一"百科通过视频动画的呈现形式，打破了传统的文字图片百科展现方式，更加迎合年轻一代用户的学习习惯，赋予网民学习知识的全新体验。经过为期三年的研发，"一"百科已经通过试运营阶段，即将进行全面推广。

假如你是"一"百科的产品运营人员，请结合"一"百科的产品特性和生命周期阶段选择适合的产品运营策略，为"一"百科设计产品运营推广方案。

项目 5 内容运营的方法与策略

内容运营是新媒体运营中的核心概念。随着网络营销的不断发展，如何应对消费结构带来的改变，如何持续地生产出满足消费者需求的产品，如何转换内容运营模式，创作出优质的内容，成为未来互联网营销中最核心的问题。本项目通过介绍规划内容定位、确定内容主题、确定内容形式和风格等内容，以及如何进行内容创作、内容推广、内容传播策划、内容优化等方法，使同学们明确内容运营在新媒体运营中的重要性。另外，还能让同学们在新媒体平台运营中，学会规划新媒体运营的内容，掌握内容运营的方法与策略。

学习目标

【素质目标】

1. 树立创新意识、创新精神，能够创新内容运营思维；
2. 具备正确的价值观，服务社会，开展积极向上的内容运营活动；
3. 践行社会主义核心价值观，树立精益求精、甘于奉献的工匠精神；
4. 养成诚实守信、遵纪守法的习惯，合法从事内容运营活动。

【知识目标】

1. 理解内容运营的概念和定位；
2. 理解内容运营的风格和形式；
3. 了解内容运营的方法；
4. 明确内容传播和优化的方法。

【技能目标】

1. 合理设计内容标题；
2. 准确进行内容定位；
3. 准确判别内容运营的表现形式和风格；
4. 准确选择和应用内容运营方法和策略。

任务1 内容规划

回归内容的视频平台生存之战

最近,随着一波视频平台的裁员和会员涨价风波,关于视频平台该如何生存的话题又成了当下讨论的热点之一。近几年,时代背景催化之下,适合居家环境的视频平台再次迎来了似乎可以快速发展的风口,各大平台都在蓄力抢占市场。

当然,大部分情况下一味盲目扩张显然是不行的,已经有不止一个视频平台遇到了生存上的关键难题,入不敷出的情况下更难追求市场占有率。

2022年,不仅仅是视频平台,整个互联网都已经不再处于用户快速增长的流量红利期,转而进入了竞争更为残酷的存量时期,所以,新的一年,新媒体平台回归内容初心,追求内容产品质量,才是收获观众和"生存权"的关键所在。

避不开的难题:内容成本 V.S. 会员价格

在国内视频平台最初登场时,靠的是用户自己上传的内容,甚至有不少用户上传的海外剧集内容,依靠UGC内容的模式自然没有内容成本的问题,但是很显然会遇到质量无保证、难以持续、无法管理、版权问题等困境。因此,国内几大视频平台在成规模发展之后很快便转为了更规模化的PGC模式,平台自己提供内容来吸引观众。

随之而来的是在吸引用户上的竞争,购买内容资源版权带来的巨大成本,但是当时仍处增量市场,只要烧钱,只要明星和剧情的噱头打得响,还是能成功带来用户和点击率的,所以各大视频平台为了内容资源打起了"价格战",抢购人气剧集资源。

巨大的内容成本支出的压力之下,传统"爆款大剧"的收视群体也相对固定,平台开始探索了自制剧集和综艺的道路,也是目前几大视频平台竞争的焦点所在。尤其是近两年,头部在线视频平台纷纷在自制内容赛道发力,腾讯视频连出爆款,2020年的几部现实题材的电视剧集反响优秀,成为了口碑和流量双收的代表作,爱奇艺的"迷雾剧场"也颇受好评。优质的内容的确可以吸引用户,但是并不代表危机就此解除,几大视频平台仍然面临着入不敷出的情况,因为用户只看优质的"内容",而不是优质的"平台",

这样的用户粘性有限，难以持久发展。

（资料来源：鸟哥笔记.回归内容的视频平台生存之战 [EB/OL].[2022-01-14].https://www.niaogebiji.com/article-93178-1.html）

任务描述

目前，新媒体运营以"内容"为主，内容的质量、表现形式、传播方式都影响着运营的最终效果。到底什么是内容运营？运营人员要熟悉不同新媒体运营内容的特点，才能更好地进行内容的定位，打造出更符合用户需求的、能帮助用户解决实际问题的内容，培养用户对企业和品牌的信任感，最终引导用户购买产品。本任务将对新媒体运营内容的表现形式、内容定位的原则、内容定位的过程等进行介绍。

任务准备

内容运营是指运营者利用新媒体渠道，用文字、图片或视频等形式将企业信息友好地呈现在用户面前，并激发用户参与、分享、传播的完整运营过程。

1. 规划内容定位

（1）内容风格要统一。

内容要与企业的产品或品牌的定位相符合，如企业的产品定位是3分钟的素食早餐，那么内容的关键词就应当是"效率""美味""健康""便利""亲切"等。除此之外，内容运营人员还应当保证内容风格、用语等的统一，从而提高内容的专业性与阅读感受。

（2）内容输出频率要高。

内容高频输出是指内容的持续生产能力，即内容从构思到成品所要花费的时间、精力、成本等是否可以支持内容在个人或企业的不同发展阶段内持续展现给用户，如有些博主在微博上发布的视频内容基本上维持每周一部的频率。特别是刚开始做新媒体营销时，这是非常重要的。如果你的内容比竞争者推出的时间间隔更长，更新频率更低，那将不具备竞争优势。当已经有了稳定的用户群，并能保证稳定的自传播时，就可以慢慢降低内容输出的频率了。

（3）内容要满足用户需求。

与产品定位、服务定位一样，内容定位也要从用户需求的角度来考虑，从用户的需求中挖掘痛点，再以内容的形式展示出来，打动用户。例如，某音乐App通过对"90后""95后"的目标用户需求进行分析，发现他们除了喜欢流行歌曲外，还喜欢一些比较小众的民间音乐、二次元音乐、各国影视剧主题曲等，针对用户的需求，该企业以小众、猎奇、包罗万象的音乐为切入点，发动用户以原创内容（用户生成的内容，即用户将自己原创的内容通过互联网平台进行展示或者提供给其他用户）的方式上传各种音乐内容，使其在音乐市场中快速站稳脚跟。

（4）内容要符合运营目的。

运营的目的不同，内容写作的方向就不同，所要呈现给用户的内容侧重点就不同。如果以广告分成为目的，那么内容就要注重阅读量，可结合热点、娱乐、八卦等信息来确定内容写作方向；如果以个人品牌建设为目的，那么就要注重内容的质量与专业性，以累积个人口碑；如果以销售产品为目的，那么就要注重引流和转化，要选择能够直接引导到产品链接页面的营销平台，并在内容中突出目标用户的痛点或可以获得的好处。

（5）内容要贴合运营人员的能力。

内容写作不是随便想想就能写出来的，它与内容运营人员的写作能力是密切相关的。如果没有对内容的策划、写作和整合能力，即使再好的方法也无法呈现出来。同时，内容运营人员也要明确自己在做运营时有什么优势，尽量利用自己的优势来进行内容定位，以便写出更好的内容，如资源优势、写作能力等。

运营案例

杭州市公安局官方抖音号发布的一条宣传视频，女警官一段说唱 Rap，这个 15 秒小视频点赞超过 150 万次。她在短视频中提到了派出所民警日常工作中遇到的形形色色的事件，如有人报假警，还满嘴脏话的；有处理广场舞大妈和举报噪声污染投诉的；还有"清官难断家务事"，调解夫妻间矛盾的；而那一句流传甚广的"能抱紧就别报警"，也成了金句。虽然是官方宣传，但视频充满浓浓的青春气息，说唱流畅押韵，满满正能量。短短三个星期左右的时间，"平安杭州"在抖音平台已经吸引了一大批粉丝。

以上案例给我们内容运营的启示是新媒体运营必须人格化，让内容活起来。新媒体与用户应该是朋友的关系，是一种平等的互动交流，而不是单向的"机器式输出"。

（资料来源：环球网. 杭州公安一条作品获赞突破150万成抖音上一股清流 [EB/OL]. [2018-06-05].http://k.sina.com.cn/article_1686546714_6486a91a02000as1v.html）

2. 确定内容形式和风格

在新媒体运营中，内容的表现形式非常丰富多样，文字、图片、视频、音频等元素都是常见的内容表现形式，这些元素都具有不同的表现力与特点，可以充分满足新媒体内容的呈现，下面分别对这些元素进行介绍。

（1）文字。

文字是内容信息最直观的表达，可以准确传递内容的核心价值。同时，文字的表现手法多样，不同的文字写作方法可以带来不同的营销效果，可以快速吸引用户的注意力并引起用户的共鸣。例如，标题、短微博、头条文章等就常采用纯文字的形式来展示。

文字形式表达长内容时一般字数较多，篇幅较长，要注意文字描述准确，用语简洁，注意每段文字不要太长，要以用户方便阅读为宜。但这种大篇幅的文字还是很容易造成用户的阅读疲劳及反感的，因此除了专业性较强或需要提供较多文字说明的内容外，一般不建议采用大段的文字说明。使用手机阅读文章的用户较多，但手机屏幕较小，因此在排版时，首行可以不缩进，但段与段之间一定要空一行或用小标题以示分段，让狭小的阅读空间有停顿的间歇，使用户在阅读时不容易疲劳，如图 5-1 所示。

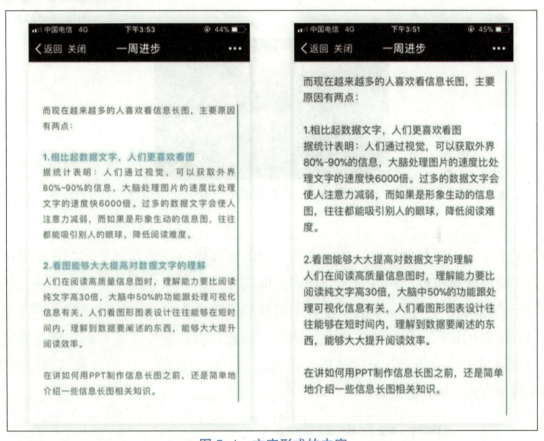

图 5-1　文字形式的内容

（2）图片。

图片比文字具有更强的视觉冲击力，可在展示内容的同时给予用户一定的想象空间。新媒体运营中的图片内容展示可以全部是图片，也可以将文字作为图片的一部分融入其中，使图片既能更鲜明地表达主题，又能快速提升用户的阅读体验。但要注意，文字在图片中的比例以保证查看图片时文字内容能清晰展示且不能遮挡图片为宜。微信公众号中的封面图、品牌的宣传推广图就常采用图文结合的方式来展示信息，如图5-2所示。

（3）视频。

视频是目前较为主流的新媒体运营表现形式，它能够更加生动、形象地展现内容，具有很强的即视感和吸引力，能增加用户对内容的信任度。在使用视频作为新媒体内容的表现形式时，可直接拍摄内容信息，也可以对视频进行编辑，但要保证视频内容的真实性，不能拼接虚假视频片段。某视频主播就是以视频方式进行新媒体运营的典型代表，其视频内容定位为古风美食，通过微博、美拍等新媒体平台获得了大量粉丝与人气，其视频形式的内容如图5-3所示。

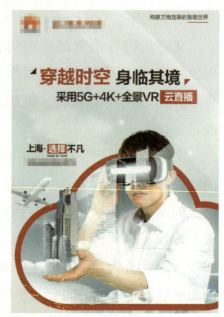

图5-2　图片形式的内容

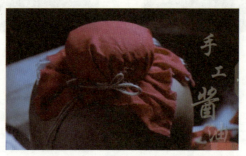

图5-3　视频形式的内容

（4）音频。

除了文本、图片和视频外，音频也是常用的新媒体内容的表现形式。音频更加具有亲和力，能够快速拉近产品或企业与用户之间的距离，可以让用户感受到亲切，从而加深与用户之间的互动。但音频收录过程中可能会因外界的干扰而使信息收录不完整，影响用户对信息的接收，导致错失重要的内容。因此，以音频方式进行新媒体运营时，要保证录音环境里没有噪声、吐字清晰、语速适当、用语简明，让用户容易理解和接收。图5-4所示为音频形式的内容。

图5-4　音频形式的内容

任务实施

活动一：准确进行内容定位

新媒体运营内容定位的过程有如下几方面。
（1）圈定目标人群；
（2）找到合适的运营方式；
（3）寻找合适的媒介；
（4）规划和包装内容；
（5）打造内容亮点；
（6）设计便捷的转化入口；
（7）追踪和反馈效果。

【练一练】

江小白，是重庆江小白酒业有限公司旗下江记酒庄酿造生产的一种自然发酵并蒸馏的高粱酒品牌。江小白致力于传统重庆高粱酒的老味新生，以"我是江小白，生活很简单"为品牌理念，坚守"简单包装、精制佳酿"的反奢侈主义产品理念，坚持"简单纯粹，特立独行"的品牌精神，以持续打造"我是江小白"品牌IP与用户进行互动沟通，持续推动中国传统美酒佳酿品牌的时尚化和国际化。"简单纯粹"既是江小白的口感特征，也是江小白主张的生活态度。江小白提倡年轻人直面情绪，不回避，不惧怕，做自己。

根据所学知识，分析江小白的内容运营过程。

活动二：确定内容风格

表 5-1 中列出了风格标签及其具体内容。

表 5-1 风格标签及其具体内容

风格标签	具体内容
搞笑	逗趣、幽默、使人发笑的内容
纪实	用纪实的手法记录的内容
创意	3D、动画卡通人物形象拍摄
反转	前后有强烈冲突和反转，结局意料之外
潮流	展现未来流行趋势的内容

续表

风格标签	具体内容
实用	具有实际用途的知识技能分享和指导
情感	体现爱情、亲情、友情等情感类与反映助人为乐、励志等内容
其他	其他无法归类的小众风格

实战演练

请在表5-2中写下你关注的五个新媒体账号,然后判别它们的运营风格。

表5-2 判断运营风格

序号	新媒体账号	运营风格
1		
2		
3		
4		
5		

任务2 内容创作

案例导入

凭借一套毽子操爆红的某健身主播,高峰时抖音粉丝量以每天100万的速度快速增长,很快,其抖音粉丝就突破了6 000万,而毽子操挑战这一话题,在抖音上也已经播放了近69亿次。该健身主播的跳操视频广泛破圈传播,引发了从网红到大众的跟风效应。这就是一个典型的内容运营爆款案例。

与此同时,团队还推出了网络平台账号,拥有近850万粉丝,该账号主要供没时间观看直播的网友自行跟练。

(案例来源:鸟哥笔记. 爆款都有自己的内容营销密码 [EB/OL]. [2022-06-15].https://www.niaogebiji.com/article-128615-1.html)

任务描述

在新消费时代,电商内容化和内容电商化已经成为一种趋势。很多App也都开始了基于内容的转型。许多应用软件也开始了内容化的改造,一旦添加了内容,丰富的内容能够制造更多的造访理由。用户的停留时间会大大增加,可以极大地吸引和刺激用户的购买欲望。所以,内容运营是一种没有上限的流量入口,无论是没有资金购买流量的初创企业,还是流量增长到瓶颈的成熟企业,只要有能力产出高质量的内容,就可以打破流量封锁,实现长期发展,而运营内容的创作显得至关重要。本任务主要介绍确定内容主题、创作新媒体内容等方面。

任务准备

1.确定内容主题

内容主题是整个内容运营的宗旨,也是运营活动的名称,可结合运营目的来确定。内容主题要简单大气,体现企业核心价值,有时带有趣味性的主题也是一种尝试。新媒体内容运营的第一个环节是进行内容选题策划。内容选题是非常重要的,所谓的刷屏级的爆款内容,看起来是偶然事件,突然爆发,其实多数是建立在扎实的日常运营基础之上的;如果日常运营较少,内容积累不够,即使偶然的高质量的内容被制作出来,也会导致后续转化的失败。因此,内容设计者必须进行内容选题策划,具体可参考表5-3。

表 5-3　内容选题策划

日期	推送时间	内容形式	选题标题及关键字	选题内容
具体的发布日期	根据产品特性，选择推送时间	文字、图片、视频、音频或多媒体并用的形式	设置一个有悬念、起强调作用的标题，并设置关键字及标签。像产品文案一样，尽量编写简洁又富于含义、双关等语意	具体的内容设置

2. 创作新媒体内容

内容创作阶段需要根据具体的情况去设计内容，见表 5-4。内容创作者应该把内容运营中的问题，尽量提前完整地规划下来。用内容策略分析表的方式，在创造新媒体内容前，为网页、社交渠道和其他媒体制定内容要求。通过创制内容策略分析表，可以将内容和内容目标、风格区分开。内容策略分析表更有利于厘清内容运营思路，规范内容策略。

表 5-4　新媒体内容创作

风格类型	设计风格是什么样的，是故事叙述、搞笑段子、心灵鸡汤，还是吐槽风格等
业务领域	该内容所属的主要领域是什么，缩水的行业是什么，是否需要寻找该行业的 IP 进行联合营销
推广渠道	该内容运营，应该选择什么样的推广渠道和推广平台，决定该内容的渠道方，有什么具体的审批要求
周期	内容推广开始及截止的具体时间，为什么选择该周期。内容预期时间内的效果预估
受众分析	此内容针对哪些受众，哪类人才能看到此内容，需要转化的是什么样的用户
目标	该内容要达到什么样的计划目标
品牌传递	要在该内容中传递什么样的信息
服务与产品	在该内容中，要传递的具体是什么样的产品或服务
行动与号召	在该内容中，要引导观众去关注什么，号召观众去体会什么
所需的外部支出	在该内容实施中，需要的其他支持具体有哪些

我们虽然经常看到"故事"的包装是内容运营的主要形式，但这并不意味着每次内容运营的模式都是相同的。内容运营有很多类型，不同的内容类型可以起到不同的营销效果。

（1）热点性内容。

热点性内容即某段时间内搜索量巨大，人气关注度节节攀升的热点新闻。合理利用热门事件能够迅速带动网站流量的提升，可以利用百度搜索风云榜、微博、热搜等寻找相关的热点 IP，然后与自身的内容相结合，这样便能起到意想不到的效果。

（2）故事性内容。

讲故事的内容是最常见，也是最容易操作的。它就是用故事建立联系，获得用户的信任,并由此产生订单,后续进行口碑宣传的过程。故事可以是大品牌故事、传播型故事、风格塑造型故事、企业文化故事,还可以是某个员工、某个小片段的小故事。党的二十大报告提出:"讲好中国故事、传播好中国声音,展现可信、可爱、可敬的中国形象。"在确定故事内容时,也要增强中华文明传播力影响力。

(3)娱乐性内容。

在内容运营中,这类内容最容易"讲故事"。例如,网络爆红短视频、段子或网剧等。娱乐性的内容,永远是人们最容易介绍的内容形式。娱乐性搞笑的"讲故事"内容不一定总是视频,当然还有其他形式。但是,"讲故事"越来越多地使用视频或音频形式进行,因为此类形式最容易在社交渠道上分享。

(4)教育技术性内容。

这类内容能够对潜在客户起科普教育的作用,帮助他们评估选项、产品或服务,并做出决定。它可以在售后期间改善客户体验,促进交叉销售或追加销售;还可以是针对某一领域或行业进行的技术性总结,或是技术性开发的文章。人们往往对教育技术性内容的要求比较高。

(5)实用性内容。

实用性生活常识内容帮助用户完成任务,如保健、健身、生活小窍门,或帮助购房者找房产并评估周边环境等。实用性内容通常体现在应用软件中,它是移动内容的理想工具。实用性内容的目的是促使买方做出决定,所以它能更好地与产品相结合,如经常刷抖音的用户,经常可以看到短视频中的橱窗链接,可以直接购买等。

(6)方案性内容。

方案性内容,即具有一定逻辑、运营策略的内容,方案的制定需要考虑受众人群的定位、目标的把握、相关主题的确定、运营平台、预期效果等。由于方案性内容的营销价值巨大,对于用户来说,内容中的含金量很高,适用自身的需求切合点也非常高。

(7)时效性内容。

时效性内容就是在特定的时效事件内具有最高价值的内容,时效性内容在新媒体内容运营中的关注度和使用频率越来越高,它所带来的利益最大化也逐渐凸显。运营人员利用时效性创造有价值的内容展现给受众用户,满足受众对"新鲜"内容的渴望。

(8)持续性内容。

持续性内容是指该内容保持持续性的状态。无论在哪个时间段,内容都不受时效性限制,属于内容策略中的高频输出型的内容。它满足了受众在任何情况下都能产生兴趣与共鸣感的需求。

(9)促销性内容。

促销性内容即在特定时间和环境下,进行促销活动产生的营销内容,主要是营销者利用用户的需求心理而策划的内容运营方案。促销性内容是优惠活动与受众痛点满足相结合的模式，它的营销成分更多的是软性植入，不容易让用户产生厌烦心理。

（10）创新性内容

当前，我国网络生态持续向好，意识形态领域形势发生全局性、根本性转变。这些都离不开推动舆论引导方式的守正创新。

新媒体运营创新，包括理念更新、理论创新、技术创新、内容创新等。其中，内容创新是根本的。内容创新要用深入基层的"脚力"了解百姓生活，把握时代脉搏；要用观察的"眼力"发现好典型，反映时代精神、人物面貌；要用思考的"脑力"把典型的本质和内核挖掘出来；要用细腻真实的"笔力"创作出精品力作。

【议一议】

随着《舌尖上的中国3》（以下简称《舌尖3》）的热播，手工锻造的章丘铁锅一度受到国民追捧，播出后几十分钟就卖出了2000多件库存。这口锅之所以种草无数家庭主妇，是因为它的诞生居然要历经"12道工序、18次火候、1000摄氏度高温冶炼、36000次捶打……"

但这些锻造铁锅的工艺真的是消费者争相购买的原因吗？同样是卖点宣传，为什么只有《舌尖3》的内容运营才能引发抢购潮，而视频广告却不能达到同样的效果？

（资料来源：凤凰网．观方好物 | 大厨力荐！手工锻打不粘锅，这才是国货该有的样子 [EB/OL].[2022-04-15].https://news.ifeng.com/c/8FEi7OyUeHT）

任务实施

活动一：合理设计内容运营的标题

怎样设计标题，才会让更多人有点击的冲动呢？表5-5中列出了标题写法及其对应的案例，请参考。

表5-5 内容标题案例

标题写法	案例
加入数字，博人眼球	《10个容易被忽略的Excel小技巧，超实用！》 《如何读书，消化这5条就够了！》
引入名人，吸引点击	《读书PPT：向杰克·韦尔奇学商业管理》 《马云谈雾霾：希望我真是外星人能逃回我的星球》
述说历程，寻求同理	《去年我还在山西挖煤，今年他们叫我动画小王子》 《我如何把网络课程卖出1000万元？》

续表

标题写法	案例
直抒胸臆，引导感情	《一段小小的视频，上百万人都看哭了！》 《这一位很厉害的强迫症人士，我一定要推荐给你！》
设计恐惧，吸引点击	《一上班就没状态？这是病，得治！》 《如果你不在乎钙和维生素，请继续喝这种豆浆！》
利用稀缺，制造紧张	《和秋叶一起学PPT课程马上涨价！》 《这篇文章今晚删除，不看亏大了》
抓住热点，关联定位	《PPTer版〈后会无期〉，各种戳，各种虐心》 《里约奥运约不起？伊利喊你楼下小广场见！》
尝试神秘，引发好奇	《PPT模板的秘密，统一风格才是关键》 《我和H5谈了场恋爱，要一起吗？》
模拟推送，寻求另类	《[有人@你]圣诞老人来送礼，就问你要不要？》 《[微信红包]恭喜发财，大吉大利！领取周末门票吧？》

【练一练】

请试着使用前文介绍的撰写内容标题的技巧，对下面几个标题进行修改。

A.《孩子越早学英语越好》

B.《8u手机采用优质感光元件，夜拍能力超强》

C.《好的创意，抵过千万句宣传语》

D.《过夜的鸡蛋不能吃》

E.《这部电影豆瓣评分9.2，非常值得一看》

A. 改为：_____

B. 改为：_____

C. 改为：_____

D. 改为：_____

E. 改为：_____

活动二：合理规划内容运营

做好内容运营，应该做好以下几方面工作。

1. 了解运营全局，掌握整体环节

重点要把握内容运营的以下环节：选择主题规划活动、内容策划、内容形式的创意、素材整理、内容编辑和优化以及内容传播。

2. 设计走心内容，提升运营效果

推送或发表的内容必须能够打动用户，使用户自发地点赞、在看、转发。抓住用户痛点，进而提升内容运营的效果。提到内容，原创很重要，原创内容就是区别于其他人的重要依据。在新媒体内容运营当中，人格化运营是很容易突出优势，打造爆款的。

3. 设计吸睛标题，运用撰写技巧

现在的用户对新媒体内容越来越没有耐心，更多的是通过文章标题或打开文章后的第一时间想知道你要说什么，与自己有无关系。比如怎样设计吸睛的标题，让更多人有点击的冲动；怎样写摘要，配合标题，提升阅读量；怎样写转发语，提升传播效果等。想要有爆款，也可以有一定的套路，如抢首发、抢唯一；撰写一些新闻稿件时，寻小人物、小故事，用以体现大情怀；再有就是蹭热点，因为这样会达到事半功倍的效果。

4. 熟悉传播模式，选择传播渠道

要掌握互联网传播模式，让内容有更多的转发和曝光量。光有好的新媒体内容还不够，还要有好的传播方式和渠道，增加内容的发酵时间，以更多地提升新媒体运营的效果。

总之，在新媒体运营过程中，内容运营只是其中重要的一环，包括产品运营、用户运营、活动运营。在实际运营工作中，各环节之间并没有清晰的边界，彼此之间会有交叉。因此，新媒体运营人员必须要有正确的方法、清晰的思路，这样才能实现良好的效果。

实战演练

查找你平时关注的五个新媒体名称，并列举出不同的运营内容，填入表5-6中。

表5-6 新媒体运营内容分析

序号	新媒体名称	运营内容
1		
2		
3		
4		
5		

任务3 内容推广

喜茶、知乎与洽洽，为高考应援

又是一年高考季，万千学生奔赴考场，迎接人生的转折点。考场之外，品牌们使出浑身解数为广大考生应援。

喜茶与知乎助考生"喜提芝士"

2021年，喜茶携手知乎为考生们准备了"喜提芝士"系列活动，为"芝士"分子们加点喜。6月7—11日，喜茶门店推出"喜提芝士"小食杯，结合"青提"和"芝士"两种食材的好寓意，为高考学子送上最直接的祝福。高考考生凭准考证到店任意消费就可领取。另外，喜茶还线上联动知乎，开启了"喜提高考冷知识——这些事情考过自有答案"互动专区。消费者搜索"喜提芝士"即可进入专区，分享高考知识以及与高考有关的故事。专区里网友们讨论热烈，浏览量超过5000万次。

本次合作将"喜茶"和"知乎"的特征提取出来，巧妙利用谐音的结合延展而来，迎合考生祈求好运的心理需求。同时，品牌们自身的优势也得以充分发挥，打通线上线下与消费者的沟通渠道，与他们共同分享高考独特的情感体验。

洽洽看见被忽视的"陪读"时光

不同于其他品牌将目标瞄准考生，洽洽另辟蹊径将营销重点放在考生背后的陪伴上。在这个没有硝烟的战场上，考生们从来都不是一个人在战斗，洽洽洞察到这一现象，在高考首日发布了短片《被忽视的陪读时光》。短片从一个旁观的视角，讲述了女生在母亲的陪读下备考，俩人之间有矛盾、有温馨的故事，借一个个"如影随形"、真实走心的场景道出母亲的不易，唤起受众内心深处的记忆。另外，洽洽小黄袋在短片中的出现充当了母亲与孩子的情感桥梁，传达了品牌也如父母的关怀一般，为消费者带来"每日陪伴"的理念。

短片一经上线，便收获数百位网友们真诚的评论和经历分享。在这个焦灼又敏感的节点，洽洽暖心的品牌关怀触动了不少受众，实现了更大范围的自发传播。

（资料来源：商业新知.多品牌花式应援高考、同庆上海复工复产，巨量引擎推出积木人盲盒[EB/OL]. [2022-06-13]. https://www.shangyexinzhi.com/article/4923147.html）

任务描述

内容创作完成后，就可以进行下一步的工作，即发布和传播。优质的新媒体内容必须辅以好的发布和传播策略，增加内容的发酵时间，这样才能提高新媒体内容运营的效果。本任务通过对内容传播和优化的探讨，加深同学们对内容推广的认知。

任务准备

新媒体内容并不是在创作好之后直接发布的，在发布之前还需要进行确认、审核等工作，如果是发布在不同的平台上，还需要注意一些发布的技巧，如时间、数量、顺序等。下面即对发布新媒体内容的基础知识进行介绍。

1. 内容确认与审核

在创作出内容之后、发布内容之前，内容运营人员还应当反复确认和审核创作的内容，需要确认和审核的关键点包括以下几个方面。

（1）文字是否有错别字，逻辑是否清晰，语句是否通顺。

（2）内容中的图片是否完整、清晰，是否多传或漏传等。

（3）行距、段落、文字大小等格式是否正确、美观。

（4）内容中若存在数据和图表，数据和图表是否正确，若直接引用其他平台发布的数据和图表等，是否已经标注来源。

2. 内容传播策划

内容创作完成并不意味着内容运营的结束，内容能够传播出去，得到用户参与和分享才会最终实现一个系统的内容运营工作。传统的传播方式以广告形式居多，但是一味投放互联网广告会增加新媒体运营的成本，因此，下面介绍两种既能降低推广成本又能吸引用户的内容传播技巧。

（1）利用粉丝传播。

传统的企业服务模式以产品或服务本身为重心，用户只能被动地选择和接受这种产品或服务，难以与企业产生更多的联系。而新媒体运营将重心转移到用户身上，产品和用户之间建立起了一种情感联系，粉丝开始成为企业重点培养的对象，一个拥有庞大粉丝群体的品牌，往往更容易实现内容的快速传播。

利用粉丝进行传播，需要与粉丝建立联系，现在很多的新媒体平台都具有即时沟通的功能，可以与粉丝进行近距离沟通，并将内容精准地传递给用户，为其提供更多的便捷服务，引导其参与企业的互动和品牌传播。

需要注意的是，粉丝这个群体具有很大的不确定性，甚至一部分粉丝还具有盲目从众的特点，很容易被其他事物所吸引，粉丝行为只有在企业有意识的约束和引导下才能正确传播，促进企业的发展。

（2）利用活动传播。

要想让内容在短时间内得到广泛传播，还可以通过策划一些活动，如抽奖活动、红包活动、免费营销活动等来实现。利用活动传播内容可以为产品或品牌带来巨大的用户效应，在短时间内汇聚大量用户的参与、分享等。

【议一议】

（1）你知道在发布内容之前还需要做什么工作吗？试着进行说明。

（2）你还有什么促进内容传播的方法和策略吗？试着列举1~2个。

3. 内容优化

内容创作完成后，还需要进一步优化，即进行内部的调整和测试。如果转化率低或反馈不好，就需要对内容进行优化与调整。在新媒体运营中，通常优质的新媒体内容是能够吸引用户，促进用户评论、分享的，只有保证内容可以吸引用户，才能达到比较好的运营效果，内容设置需要达到以下要求。

对新媒体的内容进行优化，可以增强内容的表现力和转化效果，快速吸引用户视线并引导用户阅读内容。下面从巧设内容栏目、优化内容质量、提升内容情感表现力、制造悬念等几个方面讲解新媒体内容优化的方法。

（1）巧设内容栏目。

内容栏目是指内容中设置的主要版块内容，如一级标题、二级标题和小栏目等，通过这些栏目可以表现重点内容，引导用户快速找到自己需要了解的主要信息，可以提高阅读的体验感。

栏目可以通过文字、图片或图标等方式体现，使用文字时可以使内容表达更加准确，但没有图片或图标的视觉冲击力强。因此，建议在文字栏目前加上编号，并加粗或以其他颜色显示，以突出文字栏目的显示，使用户更方便查看，如图5-5所示。

图5-5 微信订阅号栏目内容设置

（2）优化内容质量。

①内容要符合用户需求。

a. 提供有实用价值的内容。

b. 内容具有趣味性。

c. 内容有震撼力。

②内容要具有扩展性。

优质的新媒体内容应该具有强大的可扩展性，能够通过内容衍生出其他更丰富的物质或精神方面的需求，将内容故事化，用故事激发用户对美好事物的向往，从而产生共鸣。这样才能增加内容对用户的吸引力，从而获得更好的用户黏性。

③内容要具有延续性。

这种方法可以通过专题故事来实现，即将文章的内容打造成一系列的专题，在不同的时间和文章中发布，但要求内容一定要具有吸引力。

④内容要原创。

很多新媒体营销的内容阅读量都持续在一个比较低迷的状态，甚至在逐渐下降，粉丝的增长也面临困境。一般来说，一个热点能激活数以万计的推送，但很多内容都处于一个"伪原创"的状态，只有少数媒体人会对热点进行深入研究，因此优质内容比较稀缺。

（3）提升内容情感表现力。

一篇优秀的新媒体文章内容往往能够通过情感的抒发与表达来引起用户的共鸣，通过情感来唤起用户心理与情感上的需求，提高他们对产品或品牌的认同感、依赖感和归属感。

（4）制造悬念。

不仅标题中可以设置悬念，正文内容中也可以设置悬念。内容中的悬念主要是在正文的故事情节、人物命运的关键点上设置疑团，不及时作答，而是随着内容的展开慢慢解答；或对于某一奇怪现象的原因不急于解释，以让用户产生迫切感和期待感。

（5）提升内容的版式视觉效果。

①版面风格。

在进行内容版面优化时要注意，同一篇文章中不要使用多种排版方式（一般包括左对齐、右对齐和居中对齐三种形式），避免使内容显得杂乱，让用户产生不知所谓的感觉。内容版面应遵循简洁、清晰、对齐、对比、统一，但又有自身特色的原则。

②图文结合。

在文章内容中搭配适量的图片可以缓解用户阅读文字时的疲劳，但要注意图片要清晰，符合文章主题。将图片放在正文中时还要遵循两个原则，一是图片的统一性，即图片的样式要保持一致（所有图片都为矩形、圆形或不规则图形），不与文章内容版面的风格相悖；二是图文间距要合适，既保证文字与图片之间有适宜用户观看的距离，又要保证当多图连续展示时，图片与图片之间的距离合适，不能使用户产生多张变一张的错觉。此外，还要注意图片的大小与图片排版。建议文章中的图片格式设置为JPG，这是由于JPG格式文件较小，方便移动端用户查看。图片排版时要尽量在两侧和正文前后留白，图片对齐方式一般保持居中对齐，这样才能最大化提升用户的阅读体验。

③分割线。

分割线是文章中用于分割上下文内容的线条。善用分割线可以更好地划分内容结构层次，同时增加文章内容排版的舒适感，给用户带来更好的阅读体验。分割线并不局限于"线条"这种单一的表现形式，也可以是图片或其他具有分割意义的符号或图形，只要保证与内容版面的风格相符即可，例如在微信公众号中可以直接单击"分割线"按钮添加分割线。

任务实施

活动一：选择内容运营策略

在新媒体环境下，流量成本越来越高，内容作为一种免费的能吸引用户的资源必然会越来越受到重视。作为运营人员，只有先考虑内容的运营策略，做好内容的定位与运营计划，才能提高信息被发现与浏览的概率。内容运营策略主要包括内容审核、内容价值判断、内容包装、专题合集内容策划四个部分。

1. 内容审核

党的二十大报告中指出："加强全媒体传播体系建设，塑造主流舆论新格局。"这为新媒体运营提供了根本遵循和工作指南。新媒体运营的平台众多，每个平台的规则和要求都不尽相同，因此同一个内容可能无法在所有的新媒体平台中发布，此时内容的审核就相当重要。

2. 内容价值判断

内容审核只是对内容是否违规、是否合理进行了一个粗略判断，不能对内容是否有价值进行判断。新媒体运营人员要从内容与产品的调性和用户喜好等方面进行判断，确保内容不仅值得一读，更有吸引用户自主传播的潜力。

3. 内容包装

俗话说"人靠衣装，佛靠金装"，这充分说明了包装对内容的重要性。对于用户比较关注的标题、配图、摘要等内容，更要进行内容的包装，从用户需求和产品相结合的方向入手，打造出让用户感兴趣的内容。以微信公众号为例，在写作微信公众号平台的内容时，先通过标题吸引用户点击，再通过文章内容产生转化，然后通过互动进行粉丝维护。

4. 专题合集内容策划

将用户关注的内容以专题的形式集中展示，可以加深用户对内容的印象并吸引用户发表不同的观点和讨论。如微信公众号中的多图文信息就可以采用专题合集的方式进行策划，通过首篇文章呈现专题话题，再依次列出与该话题相关的不同主题内容，吸引具有不同需求的用户点击查看。另外，也可以在同一个页面中制作专题内容，将所有主题都呈现在专题页面中并依次延伸开来，以体现内容的系统性。

【练一练】

美团年轻化营销

中秋节和国庆节双节来临，各品牌的营销大战格外激烈，有走心恶搞的TVC、破圈互动的跨界、巧妙点题的海报文案等等。美团美食也发起了中秋国庆品牌大促活动，并通过一系列创意营销打通渠道沟通壁垒，快速破圈融合，占领用户心智，教年轻人如何"省"玩双节。

创意铺垫，预热造势

在全媒体时代，吸引用户注意才是夺取流量战的关键性因素，在双节之前，美团美食来了一次"中秋被饭局安排了"预热铺垫，极大地调动了年轻群体兴趣，引发全网热议。

为了延续热度，美团美食联合7大品牌发布定制创意漫画，将品牌形象漫画化，利用各大IP具象标签构思创意文案，最后露出促销信息"有'团'才有聚，食'惠'过十一"，点题又可爱。

7支创意内容漫画，凭借精准的用户洞察，缜密的行为逻辑和感染力极强的文字与视觉画面，有力的联结了年轻消费群体，占领用户心智，同时，7支创意内容漫画通过KOL矩阵全域散发，制造了全网话题热点，激发出不同品牌间的流量效应，快速吸引眼球，聚集新粉丝，加深了"十一上美团，五折任性吃"的品牌认知。

内容营销，海报文案亮点多

经过海报和漫画的预热后，双节前一天，美团美食发布了7大IP联合趣味海报，"省钱"文案吸睛，展开热点宣传布局，多品牌共创声势，形成聚合效应。

线下探店，资源联动打造传播闭环

线上内容营销引爆话题，美团美食资源联动，来了一场线下品牌店铺探店，有效承接转化，打造传播闭环，进行二次传播。

伴随着线下的探店，美团美食还在线上同步打造人气话题"假期各地美食图鉴"，带我们穿越到全国，领略各地美食，满足吃货的心。

线下探店引发围观，美团美食及时跟进了营销策略，发布了7日福利攻略，鼓励他们到店用餐，最大限度地帮助年轻群体"省钱过双节"，有效带来转化；并利用美团大数据平台抓取国庆美食数据，总结双节期间消费趣味数据图，购物数据直观展示。

这种线上线下的资源联动，在短时间内产生了巨大能量，形成爆炸效应，极大的吸引用户到店购买，从而完成从线下到线上、从社交到消费的闭环；同时这种趣味形式也能够传递品牌信息，实现品牌和用户的深度交互，为活动持续造势，带来更多价值变现可能。

（资料来源：搜狐．美团年轻化营销 [EB/OL].[2020-10-21].https://www.sohu.com/a/426297844_120445030）

结合上述案例资料，回答下列问题。

（1）美团采取了哪些新媒体运营策略？

（2）美团的内容运营主要体现在哪些方面？

活动二：内容运营的方法与技巧

1. 选题规划

新媒体内容运营的第一个环节是进行选题规划。新媒体领域受人关注的"10万+文章""百万级曝光"等内容，看起来是突然爆发，但大都建立在扎实的日常运营基础之上。即使偶尔写出高阅读量的文章，也会由于日常内容积累少、口碑积累缺失，而影响后续的转化效果。因此，内容运营者必须进行选题规划，策划出下一阶段的主要内容形式、内容选题等，并填入表5-7中，作为下一阶段的内容运营总纲。

表5-7 选题规划

星期	内容形式	推送时间	内容选题	暂拟标题
星期一	文章	18:00	美食DIY	《5步教你蒸蛋羹》
星期二	文章	18:00	旅行美食	《都说江南美景，那江南有什么美食？》
星期三	文章	18:00	美食盘点	《盘点：6种超省时间的早餐做法》
星期四	文章	18:00	健康美食	《为什么要劝你多吃木耳？》
星期五	图片	18:00	挑食材	《苹果怎么分品种？》
星期六	图片	22:00	宵夜推荐	《泡面的另类吃法》
星期日	文章	22:00	下周吃啥	《马上冬至，据说吃这些不冻耳朵！》

2. 内容策划

"选题规划"做的是阶段性的内容设计，而"内容策划"做的是更具体的内容设计。在写一篇微信文章或创作一条产品广告前，内容运营团队需要进行头脑风暴，探讨内容细节，并完成内容策划工作。

3. 形式创意

内容策划完成后，运营者需要思考对应的形式。用户总是对新鲜的、有创意的形式更感兴趣，如果某个账号的内容形式一成不变，用户的活跃度会逐渐降低。

4. 素材整理

内容形式敲定后，运营人员需要进行素材搜集与整理。素材主要包括内部素材和行业素材两种类别。内部素材包括企业产品图、产品理念、活动流程、过往照片、过往数据等；行业素材包括行业数据、行业新闻、网民舆论、近期热点等。

5. 内容编辑

内容编辑实际上就是常规意义上的"写文章""做海报"等，属于内容运营的执行工作。如果跳过前面四个环节直接写文章或做海报，运营者常会出现"没有思路""毫无框架"的情况；相反，如果以上步骤都完整执行，这一步会相对轻松，直接按照已经做好的策划来设计即可。

6. 内容优化

内容编辑工作完成后不能马上发布，而是要进行测试、反馈及优化。如果转化率低或反馈不好，需要进行内容优化与调整。

7. 内容传播

内容运营，并非发完微信文章或发了微博就万事大吉，而是需要继续推广与传播，以期获得更好的内容效果。特别是对于粉丝较少的账号，仅为数不多的人可以看到其推送的内容，传播效果有限。因此，运营者需要设计传播模式及便于传播的内容，引导粉丝将内容转发到微信朋友圈、微信群或更多渠道。

实战演练

某企业微信公众号有粉丝约 500 人，每篇文章的阅读量约 30 次，如果打算提升微信公众号运营效果，运营者需要在哪个环节重点突破？

项目评价

请将评价填入表 5-8 中，达标画"√"，未达标画"×"。

表 5-8　学习自评

序号	自评知识点	佐证	达标	未达标
1	内容运营的概念	能够理解并复述概念		
2	内容定位的概念	能够理解并复述概念		
3	内容运营的表现形式	能够说出四个表现形式		
序号	自评技能点	佐证	达标	未达标
4	选择和应用内容运营方法策略	能够准确选择内容运营方法和策略		
5	内容定位	能够准确进行内容定位		
6	规划选题	能够合理规划和设计内容选题		
7	内容传播与优化	能够进行内容传播与优化		
序号	自评素质点	佐证	达标	未达标
8	创新意识	能够结合市场变化不断创新运营方式		
9	职业道德	遵守新媒体运营从业人员职业道德		
10	遵纪守法	遵纪守法，诚信经营		

思考练习

一、简答题

1. 什么是内容运营？内容运营的原则有哪些？
2. 什么是内容定位？内容定位的过程是什么？
3. 内容运营的核心技巧是什么？

二、实训题

学生以小组为单位，在实训教师的指导下，将教师指定的或小组自己选择的企业／产品，利用内容运营的综合分析方法进行内容分析，利用内容运营的工具进行优化，然后选择相关的平台发布与运营，并且对最终的运营效果进行评估。

本次实训需要完成下列任务。

1. 确定内容运营目的。

2. 使用运营工具进行优化。

3. 选择平台进行注册,并上传进行运营推广。

4. 评估内容运营效果。

实训素材

1. 学生端计算机若干。

2. 良好的网络环境。

3. 相关内容运营工具网站。

4. 办公软件。

实训内容

步骤1:教师布置任务完成选题。

教师为学生布置任务,可安排多个产品供学生进行选择,也可以让各学习小组自己选择感兴趣的产品或行业类型,学生完成内容运营选题表。

步骤2:确定内容运营的策划。

各学习小组进行讨论之后,完成内容运营的策划分析,并完成内容运营策划分析表。

步骤3:设计内容运营的形式。

使用相关的内容运营工具平台,以及通过内容运营的类型等知识,进行内容运营,包括标题设置,使用什么工具、内容和形式,具体的内容解析。

步骤4:内容运营推广。

学生在完成内容编辑后,进行平台上传以及推广,再把使用的运营推广方法列举出来。

步骤5:评估内容运营的效果。

学生在完成内容运营之后,要及时进行总结分析并记录下来,包括平台账号名、用户参与率、用户关注率、链接点击阅读率、综合评价、潜在的不足等。

实训报告

把本实训步骤中的内容完成即可形成实训报告。在对内容运营有了基本了解后,同学们应当对整个内容运营策略选择和实施的工作过程进行系统的回顾与总结。

项目 6 活动运营的方法与策略

随着新媒体营销的开展,各企业同时也面临着一些营销难题,例如如何开展新媒体营销活动,能否照搬线下营销活动方案。另外,随着移动互联网服务的发展,新型的新媒体平台不断涌现,新媒体平台用户不断成熟,给企业新媒体营销带来了新的挑战,例如没有礼品的活动粉丝不再参与,礼品价值低的活动粉丝活跃度不再高涨。因此,企业面临着新的问题:如何在新媒体营销平台进行活动运营?无论是产品推广还是品牌推广,在新媒体平台开展活动将成为企业与消费者直接沟通的良好营销方式。本项目将从新媒体活动运营的流程、内容、实施步骤及设计活动运营方案的方法和策略等方面进行阐述。

学习目标

【素质目标】
1. 树立创新意识、探索精神,能够独立进行新媒体活动策划;
2. 具备遇到问题分析问题和解决问题的能力;
3. 积极吸收正能量,培养积极向上的审美情趣;
4. 尊重知识版权,依法设计新媒体活动。

【知识目标】
1. 理解新媒体活动运营;
2. 理解新媒体活动运营的流程;
3. 学会分析活动运营的内容;
4. 掌握新媒体活动运营的实施步骤;
5. 掌握设计活动运营方案的方法和策略。

【技能目标】
1. 能够按步骤独立进行新媒体活动运营策划;
2. 能够运用相关方法和技巧设计创新活动;
3. 能够对新媒体活动进行复盘评估。

任务1　活动运营认知

案例导入

支付宝"在吗"口令

2021年2月,"集五福"活动过后,"支付宝"再借情人节热度携手"咪咕音乐""口袋铃声"开启了新一轮"恋爱ing"花式营销。

2月14日开始,只要在"支付宝"搜索框输入"在吗"口令,便会自动播放一首情歌,并会配一句以"在吗"为开头的土味情话,单击"分享"按钮后便可以生成专属的传播海报,如图6-1所示。

在"流量入口+口令+恋爱歌曲+土味情话+海报"这几个元素的加持下,支付宝充分调动了用户的好奇心。而平台给予用户的反馈是随机的、不确定的,再次为此次营销增添了"专属"的意味,从而更易引发用户的转发和分享。

图6-1　支付宝"在吗"口令

该轮营销活动不仅在朋友圈疯狂刷屏,还一度登上微博热搜,微博话题"支付宝 在吗"的阅读量高达2.6亿次,讨论量达77000次。虽然这是一场非常明显的营销,但大众仍乐此不疲地参与其中。随着复产复工的全面开启,支付宝的下载量也于2月18日当天达到峰值,如图6-2所示。

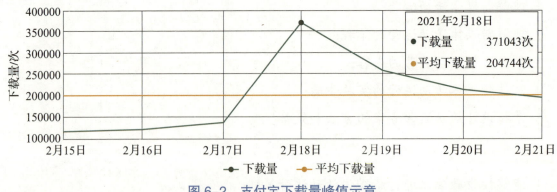

图6-2　支付宝下载量峰值示意

(资料来源:百度.支付宝在吗,到底刷屏没?[EB/OL].[2021-02-19]. https://baijiahao.baidu.com/s?id=1692072152281734834&wfr=spider&for=pc)

任务描述

看到这一则新媒体活动案例,有很多同学肯定会迫不及待地问:老师,如何运营新媒体活动?新媒体活动有没有规则或步骤可循?在本任务中,我们将了解新媒体活动运营,探究新媒体活动的设计流程,进而对新媒体活动运营有全方位的认知。

任务准备

1. 什么是新媒体活动运营

新媒体活动运营指的是围绕企业目标而系统地开展一项或一系列新媒体活动,从而使企业获得品牌的提升或者销量的增长。它是精心策划的、具有鲜明主题、能够引起轰动效应的、具有强烈新闻价值的一个或者一系列组合的运营活动,以实现品牌的有效传播并带动产品销售。

在新媒体运营工作中,之所以要重视活动运营,是因为活动运营具有快速提升运营效果的作用——微博发布、微信公众号发文、短视频发布等日常工作,可以使企业新媒体稳定运行;阶段性开展新媒体活动,可以使运营效果在某个时期内快速提升。

理解活动运营,关键是要抓住目标、系列、系统三个关键词。

(1)"目标"。活动运营必须紧紧围绕企业目标,如提升品牌知名度、提升新品曝光量、提高产品销量,等等,从而正确地确定活动主题并选择活动平台,否则即使活动过程火爆、参与人数多,也不能给企业带来任何效益,最后由于数据与目标不匹配,可能给企业下一步的计划带来错误判断,甚至产生负面效应。

(2)"系列"。新媒体活动多数情况下是以"系列活动"的形式出现的。一方面,活动之间需要系列化,每个活动之间要有衔接;另一方面,活动自身也具有系列化特征,每次活动本身又包括"活动预热""活动开始""活动返场"等小活动。

(3)"系统"。活动运营不仅仅是发布一篇公众号活动文章、录一条抖音短视频那么简单,而是包含活动分析、活动设计、活动实施、活动复盘等完整的流程。

【想一想】

你参与过新媒体活动吗?试着列举出1~2个。你参与的新媒体活动有哪些打动你的地方?你从中得到了什么利益或情感上的满足?试着说一说。

2. 活动运营的完整流程

活动运营的完整流程包含四个阶段。

(1)活动分析阶段。

新媒体活动始于分析,正所谓不打无把握之仗,活动运营超过一半的工作量在活动分析阶段。这个阶段的有效完成，能为后续阶段树立起一个工作方向，搭建起工作框架。

首先是阶段计划。运营者需要在每年年底结合节假日、周年庆等热点，制订出第二年的年度工作计划以及计划目标。阶段计划是活动运营的总纲。成熟的新媒体运营者并不是在某个热点到来后才开始"抓热点、做活动"，而是提前一年就进行了热点预判及前期准备。

其次是目标分析。在每次活动开始前，运营者还需开展相关的目标分析，即明确活动目的、明确目标用户、明确活动主题等，并根据活动目标估算活动数据，以便对活动进行监控。活动目的是企业本次活动所要达到的目标，是活动的出发点和落脚点。目标用户群体是活动的运营对象。好的活动主题可以有效吸引用户参与，是活动成功的重要因素。

（2）活动设计阶段。

玩法设计是活动运营的灵魂。运营者要根据活动目标拆解结果，设计出主题鲜明、引起轰动的活动玩法。平淡无奇的活动无法抓住网民的注意力，丰富多彩的跨界活动和脑洞大开的活动创意，有助于活动效果的提升和阶段目标的达成。

活动设计好了就要着手准备物料制作。活动物料主要包括活动海报、活动视频、活动文字等。运营者必须提前将物料制作完成，防止由于物料缺失而延误其他工作。

（3）活动实施阶段。

活动实施是活动运营的根基。好的活动必须辅之以好的执行，否则一切都是纸上谈兵。为了使活动设计阶段制定的工作目标顺利实施，运营者需要协调整个团队，在"活动预热、活动发布、过程执行、活动结束"四个环节按照既定的方案精准实施。

（4）活动复盘阶段。

在对外宣布活动结束后，新媒体活动的运营工作实际上并未结束。

一方面，运营者需要做好后期收尾工作，整理出活动过程中的照片、视频、留言截图等，进行二次传播；另一方面，运营者需要进行效果评估，并带领团队复盘，把活动经验归档，以便于后续活动的持续改进。

【做一做】

根据活动运营的设计流程完善图6-3。

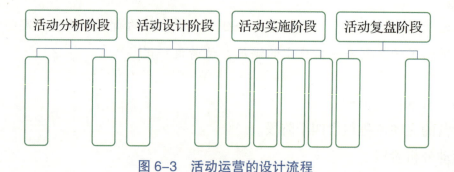

图6-3　活动运营的设计流程

任务2 实施活动运营

案例导入

2021年6月，蜜雪冰城"你爱我，我爱你，蜜雪冰城甜蜜蜜"这首魔性MV，刷屏朋友圈，甚至一些网友在门店唱起了这首洗脑歌曲，只为换取一杯"柠檬水"。

歌曲的魔性和洗脑特点，引发了大量网友二次创作的热情，在B站获得1000多万的播放量，在抖音平台的播放量更是破亿，网友们自发地将主题曲改成了日语、俄语、汉语等不同版本。于是，在网友持续加入二次创作和自发性传播的情况下，蜜雪冰城MV热度持续升高。

蜜雪冰城定位于年轻消费群体最专业的餐饮服务机构，是以"新鲜冰激凌+奶茶"为主打产品的连锁机构，高品低价，受到大家的喜爱。因此，蜜雪冰城每周都会研发新品，更换海报，每逢节假日都会搞优惠活动，定期搞促销活动，以刺激消费者的购买欲，增加品牌的知名度。

（资料来源：知乎.三句歌词，十多亿播放量！蜜雪冰城的魔性主题曲怎么就火了呢？[EB/OL].[2021-07-05].https://zhuanlan.zhihu.com/p/386790397）

任务描述

对于企业而言，活动是运营的必要手段。可以说，没有活动就没有运营。活动又是一个万能载体，可以为企业的产品设计、推广、营销及服务等环节提供路径支持，也能够为企业塑造品牌和树立口碑提供资源支撑。做好活动，企业运营自然就会更加顺畅，不管是企业品牌还是产品品牌，人气都会逐渐高涨起来。

任务准备

1. 活动运营分析

在新媒体运营的各个模块中，活动运营通常不会单独出现，而是结合其他三大模块（用户运营、产品运营及内容运营），以组合的形式出现，如：

（1）用户运营+活动运营：策划一场提升用户活跃度的活动。

（2）产品运营+活动运营：策划一场新品发布活动。

（3）内容运营+活动运营：策划一次"转发抽奖"活动。

因此，活动运营不能凭借运营者的主观想法来独立设计，而是应综合企业整体目标、团队运营规划和网民关注的热点等，设计出年度活动的主题、每月活动规划及热点活动规划，最后汇总成全年活动规划。

在设计具体活动时，运营者一定要依据全年的新媒体活动主线与整体调性，充分分析企业的整体目标，包括产品目标、品牌目标、销售目标等，设计出某阶段活动的任务和目标，例如提升企业品牌形象、促进产品销售、唤醒沉睡客户、提高用户黏性，等等。然后将企业任务和目标巧妙地设置在活动的各个环节，这就是活动运营的分析设计。

这一阶段主要包括三部分。

（1）目的分析。对企业而言一次活动需要综合产品特色、目标用户、营销目标，提炼出本次活动的目的。

（2）方式选择。在确定活动目的后，企业的新媒体团队需要在饥饿营销、明星营销、利他营销等方式中，选择一种或多种进行组合。

（3）策略组合。方式选择完成后，企业需要对平台、产品、创意等模块进行组合，设计出最优的活动策略。

例如，某商家的一款日用品为新品，想在上架前三天设置活动。经过分析，发现目标人群主要是25~35岁的家庭主妇。这些人群经常出现在旺旺群、微信群、快手视频中，因此，商家分别策划了店铺活动、微信群活动、微信朋友圈活动及快手直播活动。

2. 设计活动运营方案

活动运营的效果一般会体现在活动的参与度上，但是网民不会对同一家公司、同一个账号或同一类活动一直保持浓厚的兴趣。再者，活动运营团队很容易在策划几次活动后进入"思路枯竭"的状态，没有新的灵感，就不能设计出有效的活动。因此，运营者需要学会借势、跨界与整合，并掌握提升参与度的方法与技巧，确保活动效果。

（1）借势。

借势指的是借助第三方的力量来达到自己的目的，如当红明星、大V、网红等的明星效应；如中西方传统节日、平台节日、名人生日等的热点效应等。明星是粉丝经济模式最初的受益者，如今，最能"吸粉"的仍然是明星，高达千万的粉丝量级。因此，要想提高活动的影响力，不防考虑借势推广，以明星之力带动活动飞跃。

2021年1月，作为某著名明星全球首个社交账号成功入驻抖音无疑成为大家谈论的焦点。在发布了首条短视频后，此明星抖音账号粉丝数暴涨到680万。在直播宣传中，此明星更是大打感情牌，充分贯彻了"真诚"二字，讲述了自1981年出道以来的真实感受，充满了正能量。

在移动社交时代，借明星之力并不难。作为运营者一定要抓住可以借势的明星事件。

在选择话题时，一定要准确把握话题与活动的契合度，选择与活动最匹配的话题来借势，并考量明星之力能带来什么级别的传播。

（2）跨界。

所谓跨界，就是和第三方合作，通过在活动中互相植入对方的品牌，引爆双方的新媒体传播，达到共赢的目的。

每个新媒体平台都有自己的特点，企业可以考虑在多个平台上进行联动推广，充分利用各个平台的优势，实现活动推广效果最大化。企业在策划活动时，可以在不同平台中策划同一主题活动，吸引更多平台粉丝的关注。常见的活动平台包括社交平台、直播平台、短视频平台、音频平台及自媒体平台等。

例如本项目开头的"支付宝口令"案例，就是支付宝+口袋铃声+咪咕音乐三方联合推出的活动。

（3）整合。

在互联网的发展过程中，网民的喜好是多样化的，有的喜欢动漫，有的喜欢网游，有的喜欢体育等。不同的网络喜好产生了不同的文化圈层，而将不同圈层的元素整合在一起，可以激活某个圈层的用户，尝试获得超出预期的活动效果。

2021年三月份，某视频平台联合某系列电视剧剧组微博官宣推出潮玩盲盒，其中包含了主要演员的5个角色手办。该活动受到消费者的热情追捧，第一批盲盒预售6小时就宣告售罄。表面上，此电视剧受众和盲盒产品的主流受众年龄段有所差距，但所谓"土到极致就是潮"，这种意想不到的整合产物却大大提高了该电视剧的热度，增加了视频平台的用户数。

（4）提升参与度。

只有在用户的高度参与中，活动才能成功，才能让用户成为你的忠实粉丝。因此要想方设法提高活动的参与度。

①奖项设置。运营活动要想激发用户的参与欲望，首先要从物质奖励上入手，例如支付宝每年的集五福、微信的抢红包等，"大奖激励，小奖不断"，通过持续的发奖，维持用户的参与热情。

②情感引导。在设计活动主题时，运营人员就应当寓情于活动中，刺激、唤起用户的某些情感需求，或令其产生情感共鸣。如此一来，在活动推广时，运营人员就可以借助情感引导用户的参与。

例如，最近微信又发布了新功能（图6-4），再次唤醒人们对朋友圈的热情。

一条朋友圈发布后，下面会显示"和×××、×××一起"。

据测试，最多可标记10个微信好友，被标记的朋友也会收到提示，这条朋友圈，成为你和朋友的共同回忆，保存在朋友圈右上角的"共同回忆"界面中。

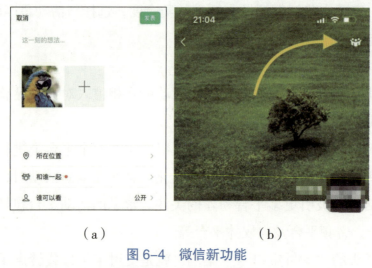

图 6-4 微信新功能
（a）示意一；（b）示意二

③参与成本。为了让用户都能够参与到活动当中，就要考虑到社群活动的参与成本。用户参与每个活动，都必然会付出时间、精力成本，要尽量降低参与成本，并提高成本效益比，从而打消用户的疑虑，让其参与到活动中来。

接下来，运营者需要准确把握互联网的热点，评估热点与企业的相关性，选择最贴切的热点，策划相关活动。围绕热点撰写的文章、策划的活动，其曝光度和参与度很有可能达到日常效果的数倍甚至数百倍。

【议一议】

某企业现在新出了一款恒温杯，可以让液体温度始终保持在 55 摄氏度。如果你是该企业的活动运营人员，请尝试策划一个与这一新品有关的互动活动。

3. 实施活动运营方案

活动实施是活动运营的根基。再优秀的策划，如果没有辅之以好的执行，都会变成纸上谈兵。

（1）活动预热。

对于活动运营来说，活动预热对活动的成功率有着直接影响，活动预热的主要作用在于增加流量，让用户知晓企业活动的存在。在活动前期，运营人员可以有意地释放出一些企业内幕消息，如丰厚的奖品设置、活动的参与流程或者可能会到场的某位重磅嘉宾等。这些"噱头"如果比较有爆炸性，还能引起媒体的争相报道和用户的口口相传。在活动预热时，还要明确一个关键点，就是要告知用户活动会为他们带来切实的利益，让他们觉得不参加此次活动是一种损失。同时，还可通过活动时间限制和参与奖励限制来营造活动的急迫感和稀缺感，如"过时不候……""活动通道报名人数剩下最后 5 名"等。

活动预热方式多种多样，广告传播、微信、微博、社群、问答平台、视频平台等都是非常好的预热方式。运营人员要在综合考虑市场情况、企业实力的基础上,合理、科学地选择并综合运用多种方式来对活动进行全面、准确、直观的宣传预热。活动预热越成功,人气越火爆,运营效果就会越明显。

(2)活动发布。

活动流程表是在活动策划期间就制作完成的,但是在活动开始时还应当多次确认,确保工作人员都了解活动流程,熟悉自己的具体工作,并且了解相关人员的任务。一般来说,稍微大型的活动,大多会在活动开始前进行彩排预演来确保活动流程的顺畅无误。在确认活动流程的过程中,运营人员应当高度关注事、物、人等方面,对于活动执行过程中需要完成的事项,应当提前设计"活动执行推进表"(图6-5),以保证活动事项按照既定的方案精确执行。对于活动所需的相关线上素材(如文案、海报、视频)或线下物料(如宣传单、条幅等),运营人员还可以梳理一个"活动物料清单表",在执行时就可以根据表格对物料的完成情况进行跟进。"活动物料清单表"应当每日更新,对即将超期的物料要提前催促,防止发生物料延误的情况。

确认以上工作流程无误后,可以按照计划发布活动,如图6-5所示。

类别	事项	5/10 周三	5/11 周四	5/12 周五	5/13 周六	5/14 周日	5/15 周一	5/16 周二	5/17 周三	5/18 周四	5/19 周五	5/20 周六	5/21 周日	5/22 周一	5/23 周二	5/24 周三	5/25 周四
		筹备期					预热期				进行期				发酵期			
微信·发起	软文撰写																
	客服话术																
	软文推送																
微博·推广	海报设计																
	文案撰写																
	广告投放																
线下·推广	宣传单设计																
	宣传单印刷																
	宣传单散发																
……	……																

图6-5 活动执行推进表

(3)过程执行。

要保证活动节奏的平稳,营造舒适的活动参与氛围。运营人员可以从两个方面来控制活动节奏。

①氛围节奏控制。氛围节奏控制在促销活动中较为常见，是通过营造一种急迫感来激发消费者的购物欲望。氛围节奏控制只有与消费者的情绪配合才能发挥最佳的效果，如在活动初期限制消费者购买，当消费者产生了急迫心理后再放宽条件，这种氛围会促使消费者产生购买行为，使产品销量大增，甚至出现供不应求的情况。

②时间节奏控制。任何活动执行期间都会经历起始、渐强、高潮、减弱、落幕五个阶段，其中起始、高潮、落幕三个阶段对消费者的影响最大，运营人员应合理控制节奏，在合适的时间启动、推进以及结束活动，以最大限度地促使消费者产生购买行为。当前的新媒体活动大多是在线上开展的，因此控制线上活动的节奏还需要对活动数据进行跟踪和监测。对于运营人员来说，需要提防异常数据，当数据出现反常态的情况时，就需要留心是哪个环节出了问题，进而做出针对性处理，如出现数据缺陷，就应当找出出现数据缺陷的原因（功能开发的不完善、采集效率问题等）。根据监测和反馈的数据，还应当及时总结和分析数据背后的规律，如活动时间规律、用户某个行为带来的附属效应规律等，进而根据规律对执行过程中的某个细节进行调整。

（4）结束活动。

按照活动预设时间结束活动，要遵守承诺，不能因为效果好就延迟，也不能因为效果不好而提前结束。

4. 复盘活动运营方案

经过活动分析、活动设计、活动实施，新媒体活动本身已经结束，但活动运营工作还需要完成最后一项工作——复盘。复盘主要分为两个层面。

（1）分析数据，评估活动效果。新媒体活动效果的准确评估，来自数据的准确比对。一场新媒体活动的目标不一定只有一种，很可能既要通过活动涨粉，又要通过活动销售产品。这时，进行数据比对时，需要将活动目标所涉及的数据全部进行统计，然后分别评判目标的达成情况。

（2）过程复盘。任何一个新媒体活动都不可能完美，活动复盘要紧扣"过程"，把整个过程从头到尾再推演一遍，通过个人总结和团队互评，分析出每个步骤好的方面和不完美的方面，并列出复盘清单。特别是出现失误的地方，运营者团队要尝试从参与者的视角去分析，思考失误的主要因素。之后，运营人员按照"经验"和"教训"进行归类与整理，进一步完善活动过程，并写出对后续活动的建议。最后，将本次活动归档，作为今后活动的参考。

【议一议】

某企业的一场活动开展得非常成功，原计划销售10000件产品，结果却销售了20000件产品，这场活动有必要复盘吗？为什么？

项目评价

请将评价填入表 6-1 中，达标画 "√"，未达标画 "×"。

表 6-1　学习自评

序号	自评知识点	佐证	达标	未达标
1	新媒体活动运营认知	能够理解并复述概念		
2	新媒体活动运营流程	能够说出每个流程及任务		
序号	自评技能点	佐证	达标	未达标
3	活动运营分析的内容	能够说出活动运营分析的三个内容		
4	设计活动运营方案	能够运用活动设计技巧设计活动		
5	实施活动运营	能够按流程控制活动执行		
6	复盘活动运营	能够依据活动数据分析活动得失		
序号	自评素质点	佐证	达标	未达标
7	创新意识	能够结合热点不断创新活动形式		
8	职业道德	遵守新媒体运营从业人员职业道德		
9	遵纪守法	遵纪守法，诚实守信		

思考练习

一、简答题

1. 什么是新媒体活动运营？如何理解新媒体活动运营？
2. 新媒体活动运营的流程分为哪几个阶段？请简述每个阶段的任务。
3. 设计活动时常常采用的手段或技巧有哪些？

二、实训题

假如你是一个以销售保温杯为主的企业的运营人员，现在天气渐冷，请试着策划一个新媒体活动，构思一个活动策划方案，内容包括活动目标分析、活动主题确定、活动平台选择、活动内容设定等。

项目 7 微信公众号运营

微信公众号又称微信公众平台，它利用公众账号平台进行自媒体活动。简单来说，就是进行一对多的媒体性行为活动，如商家申请微信公众号通过二次开发展示商家微官网、微会员、微推送、微支付、微活动、微报名、微分享、微名片等，已经形成了一种主流的线上线下微信互动营销方式。

如果能够运营好微信公众号，则可以给企业带来很多潜在的商机。很多企业也都在使用企业微信和小程序来进行营销推广。企业微信对于用户管理是很不错的，发布朋友圈消息也会呈现在用户的微信朋友圈中。小程序的使用使得用户打开页面进入企业链接更加便捷，帮助企业引流吸粉，增进与用户的黏合度，推进促活转化。微信公众号推广和运营是新媒体人必须掌握的一项技能。

 学习目标

【素质目标】
1. 培养观察、分析社会热点问题的能力，能够创新新媒体运营思维；
2. 培养逻辑思维能力及文字表达能力；
3. 提高审美能力与培养图文排版能力，树立精益求精、甘于奉献的工匠精神；
4. 养成诚实守信、遵纪守法的习惯，合法从事新媒体运营活动。

【知识目标】
1. 理解微信公众号的概念、特点；
2. 了解微信公众号的类型及功能；
3. 掌握微信公众号的注册流程；
4. 理解微信公众号运营的完整流程；
5. 了解微信公众号运营的图文排版技巧；
6. 了解微信公众号运营的推广技巧。

【技能目标】
1. 会注册、编辑、发布微信公众号文案；
2. 能够对微信公众号的基本功能进行设置；
3. 能使用第三方编辑器进行图文排版；
4. 会推广和运营公众号。

任务1　认识微信公众号

近年来,以微博微信为代表的新媒体发展迅速,传统报纸遭受冲击,开设微信公众号成为报纸媒体不约而同的转型选择。

相比微信公众号,传统报纸媒体也有自身的优势。报业发展至今,已十分成熟,整个产业链和相关运作都比较稳定。报纸在日常新闻的深度报道方面有其独特的优势,在目标人群方面则有中老年群体为其忠实读者。另外,报社的记者部及其他部门的分工合作都十分娴熟。报纸微信公众号的运营则相对稚嫩,但微信这一社交媒体给了公众号一种得天独厚的传播环境。微信的月活跃用户数已远超国内其他社交媒体,而微信公众号就将微信平台的各种资源实现连接,力求实现"人—资讯—商品—企业"的交叉连接,近年来的相关数据表明,微信确实留住了大批的忠实用户。因而报纸微信号的兴起毋庸置疑,微信的传播价值理应引起所有传统报纸的注意。

在国内的报纸媒体中,人民日报微信公众号领先,从初步试水到稳定运营,人民日报微信公众号已逐渐形成自己的风格。

人民日报微信公众号在2013年4月开通,经过摸索,从最初的内容断续发布,到2014年的逐渐稳定,同年8月开始持续稳居同行业新媒体第一位,至今已有9年多时间。从官方权威榜单"新媒体排行榜"每周定时公布的数据来看,人民日报微信公众号已稳居近几年报纸媒体微信公众号的榜首。如今,人民日报微信公众号的每篇文章几乎都能在当日推出后的数小时内迅速突破10多万的阅读量,可见其用户活跃度已达到较高水平。

任务描述

微信公众平台为营销提供了方式,但是优质的营销效果离不开公众号的运营,只有在某一行业有热度、有影响力的公众号才具有真正的营销价值。什么是公众号?公众号应如何注册呢?在本任务中,我们将介绍微信公众号的定义、特点、类型,掌握微信公众号的注册流程,探究微信公众号的头像、名称、功能介绍、所在地址、人员等账号详情设置,以及自动回复、自定义菜单等功能设置。

任务准备

1. 微信公众号的概念

微信公众号是开发者或商家在微信公众平台（图7-1）上申请的应用账号，该账号与QQ账号互通。通过公众号，商家可在微信平台上实现和特定群体的文字、图片、语音、视频的全方位沟通、互动，进而形成一种主流的线上、线下微信互动的营销方式。

图7-1 微信公众平台

2. 微信公众号的特点

（1）熟人网络，小众传播。

作为一款手机社交软件，微信能在短时间内被大众接受，其中一个主要原因就是其用户来源基于原有的腾讯用户，还可以实现跨平台添加好友，即用户可以通过访问手机通信录来添加已开通业务的朋友和家人。不同于其他类似社交平台的特点在于其建立的好友圈中均是已经认识的人，建立起来的人际网络是一种熟人网络。其内部传播是一种基于熟人网络的小众传播，其信任度和到达率是传统媒介无法达到的。因此，平台能够获取更加真实的客户群。

（2）可随时随地提供信息和服务。

相对于计算机而言，手机是用户随时都会携带在身上的工具，借助移动端优势，以及天然的社交、位置等优势，会给商家的营销带来很大的方便。同时，相对于App而言，微信公众号由于不需要下载安装，因此使用起来更加方便。

（3）营销和服务的定位更精准。

通过微信公众平台可对用户进行分组，并且通过"超级二维码"特性（在二维码中可加入广告投放渠道等信息），可准确地获知客户群体的属性，从而让营销和服务更加个性化，更加精准。

（4）富媒体内容，便于分享。

新媒体相比传统媒体的一个显著特点就是移动互联网技术的应用，通过手机等终端可以随时随地浏览资讯、传递消息，使碎片化的时间得以充分利用。微信公众号不仅局限于文本传输，还可以使用图片、文字、声音、视频等富媒体传播形式，更加便于分享用户的所见所闻。同时，用户除了使用聊天功能以外，还可以借助"朋友圈"，通过转载、转发及"@"功能将内容分享给好友。

（5）一对多传播，信息到达率高。

通过微信公众平台，个人和企业都可以打造一个公众号，并实现和特定群体的文字、图片、语音的全方位沟通与互动。微信公众平台是企业进行业务推广的一种有力途径。微信公众平台的传播方式是一对多的传播，直接将消息推送到手机，因此到达率和被浏览率都比较高。

（6）便利的互动性，信息推送迅速并实时更新。

微信公众号作为一款社交软件，便利性和互动性更强。用户可以像与好友沟通那样与企业公众号进行沟通互动。企业通过公众号可以即时向公众推送信息，并实时更新。

（7）营销成本更低，可持续性更强。

在微信公众平台上，企业可向客户不定期推送信息，让客户对企业的品牌认知度越来越深，同时与客户建立联系，长久持续下来，将大大地节省广告投放预算。

运营案例

唯品会：微信公众号矩阵式推广

微信拥有大量的用户，唯品会希望可以通过微信公众号将这些用户吸引过来，并让他们在这里购买。

目前，唯品会在微信的服务号主要是唯品会特卖，而订阅号则包括唯品会、唯品会公益、唯品会校园等。其中唯品会公益主要是维护企业形象，而唯品会校园面向的则是细分粉丝人群的分支人群。

随着规模的扩大和品牌数量的增加，需要对粉丝进行细分，为粉丝提供更为精准的内容咨询，唯品会推出单独的订阅号，如唯品会校园、唯品会美妆、唯品会服饰、唯品会家居，等等。

任务实施

活动一：区分微信公众号的类型

微信公众号是腾讯旗下的一个社交平台，目前一共有订阅号、服务号、小程序、企业微信四种微信公众号的账号类型，如图7-2所示。

图 7-2　公众号分类

微信公众号各类型的功能介绍如表 7-1 所示。

表 7-1　不同类型公众号的功能介绍

账号类型	功能介绍
订阅号	主要偏向于为用户传达资讯（类似报纸杂志），认证前后都是每天只可以群发一条信息（适用于个人和组织）
服务号	主要偏向于服务交互（类似银行、114，提供服务查询），认证前后都是每个月可群发 4 条消息（不适用于个人）
企业微信	企业微信是一个面向企业级市场的产品，是一个独立、好用的基础办公沟通工具，拥有最基础和最实用的功能服务，是专门提供给企业使用的 IM（即时通信）产品（适用于企业、政府、事业单位或其他组织）
小程序	是一种新的开放能力，开发者可以快速地开发一个小程序。小程序可以在微信内被便捷地获取和传播，同时具有出色的使用体验

温馨提示：
①如果想简单地发送消息，达到宣传效果，建议选择订阅号；
②如果想用公众号获得更多的功能，例如开通微信支付，建议选择服务号；
③如果想用来管理内部企业员工、团队，对内使用，可申请企业微信；
④原企业号已升级为企业微信

【练一练】

通过查阅资料，找出订阅号、服务号功能的区别，在表 7-2 中对应的功能上画"√"。

表 7-2 账号功能区别

功能权限	普通订阅号	微信认证订阅号	普通服务号	微信认证服务号
消息直接显示在好友对话列表中				
消息显示在"订阅号"文件夹中				
每天可以群发 1 条消息				
每个月可以群发 4 条消息				
无限制群发				
保密消息禁止转发				
关注时验证身份				
基本的消息接收 / 运营接口				
聊天界面底部，自定义菜单				
定制应用				
高级接口能力				
微信支付—商户功能				

活动二：注册微信公众号

随着微信功能渐渐渗透到我们每个人的生活中，微信公众号作为一个公众平台也越来越受到人们的欢迎。下面介绍如何申请一个微信公众号。

步骤 1：网页搜索"微信公众平台"，单击"官方"二字旁的"微信公众平台"按钮进入，如图 7-3 所示。

图 7-3 搜索微信公众平台

步骤 2：进入后找到并单击"立即注册"按钮，如图 7-4 所示。

图 7-4　注册

步骤 3：选择要注册的账号类型并进入，现在以订阅号为例，故单击"订阅号"按钮，如图 7-5 所示。

图 7-5　选择订阅号

步骤 4：填写邮箱（注意：每个邮箱仅能申请一种账号），按步骤序号操作，先激活邮箱，然后按提示填写其他信息，最后单击"注册"按钮，如图 7-6 所示。

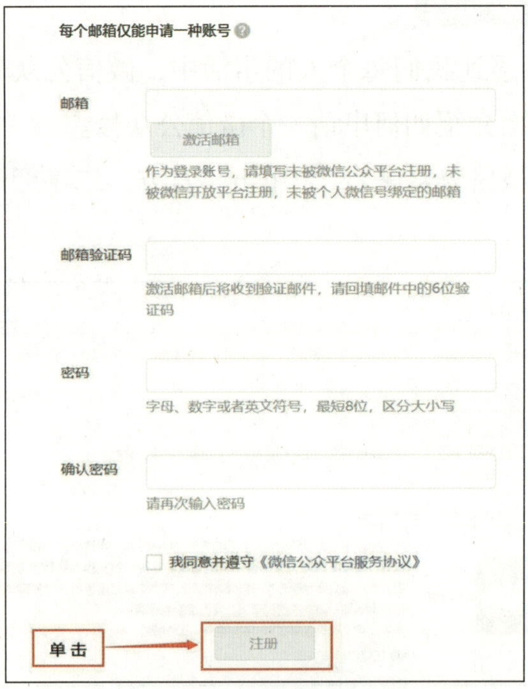

图 7-6　注册邮箱

步骤5：选择注册地区，默认是中国大陆，接着单击"确定"按钮，如图7-7所示。

图7-7　选择注册地区

步骤6：选择要注册的账号类型，单击"选择并继续"按钮，如图7-8所示。

图7-8　选择账号类型

步骤7：在温馨提示界面单击"确定"按钮，如图7-9所示。

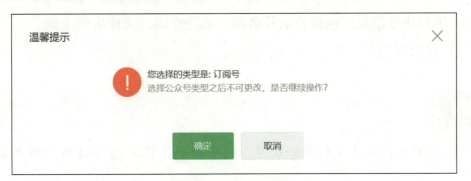

图7-9　选择订阅号

步骤 8：选择账号主体类型为"个人"，填写主体信息登记，如图 7-10 所示。

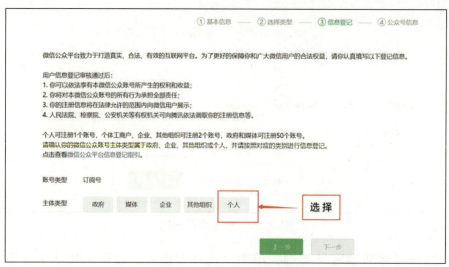

图 7-10　选择账号主体类型

注意：公众平台身份证、手机、企业信息登记次数是有限制的，如表 7-3 所示。

表 7-3　企业信息登记次数

公众平台身份证、手机、企业信息登记次数说明
在互联网信息内容主管部门的指导下，为加强账号管理，自 2018 年 11 月 16 日起，进行注册上限调整
①同一个邮箱只能申请 1 个公众号
②同一个手机号码可绑定 5 个公众号
③同一身份证注册个人类型公众号数量上限为 1 个
④同一企业、个体工商户、其他组织资料注册公众号数量上限为 2 个
⑤同一政府、媒体类型可注册和认证 50 个公众号
温馨提示：个人、企业类主体于 2018 年 11 月 16 日之前注册完成的账号，可正常使用，不受 2018 年 11 月 16 日注册调整的影响

步骤 9：填写账号信息，包括公众号名称、功能介绍，选择运营地区。

步骤 10：注册成功。

实战演练

1. 你的微信圈里都关注了哪些公众号？列举出来，你知道它们属于哪个类型的公众号吗？

2. 注册一个微信订阅号。

活动二：设置微信公众号的基本功能

1. 微信公众号的功能模块

登录微信公众号平台，进入主页面，功能的设置在左侧，如图 7-11 所示。这里将重点介绍微信公众号设置、人员设置、自动回复等几个常用的功能设置，关于其他功能设置的详细说明可以单击登录页面底部的"腾讯客服"按钮。

图 7-11　功能模块

2. 公众号设置（以修改公众号头像为例）

（1）单击设置中的"公众号设置"选项，进入"账号详情"页面，如图 7-12 所示。

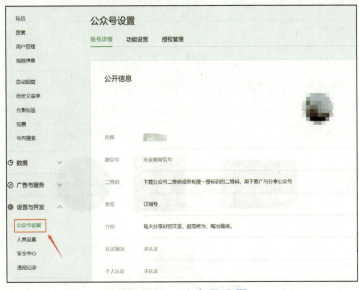

图 7-12　公众号设置

上述各种类型信息修改的平台规则如表7-4所示。

表7-4 公众号修改规则

序号	信息修改类型		规则及注意事项
1	公众号头像修改		①公众平台的头像每个月只能申请修改5次（按自然月）； ②新头像不允许涉及政治敏感与色情；修改头像需经过审核； ③头像的图片格式必须为BMP、JPEG、JPG、GIF；上传图片的大小不可大于2 MB； ④上传图片之后，系统会对图片自动压编（一般最大像素约240×240），并可对图片进行裁切，预览最终生成的头像效果，以裁切后的实际尺寸大小为准； ⑤不建议频繁更改公众号头像，这不利于培养企业的稳定形象，容易造成用户的混乱
2	公众号名称修改		①公众平台账号名称可设置4~30个字符（1个汉字=2个字符），只允许含有中文、英文数字； ②一年可修改两次公众号名称
3	微信号修改	可修改微信号的情况	①账号注册后没有设置过微信号； ②已设置微信号，并且时间超过一个自然年
		不可修改微信号的情况	①账号注册后设置过微信号，且设置时间未超过一年； ②重新设置的微信号与已有账号的微信号重复
4	公众号介绍修改		①功能介绍长度为4~120个字，每个月可修改5次（按自然月）； ②审核通过后，可以使用新的功能介绍，审核时间约为3个工作日； ③公众号的介绍，要注意突出公众号的类型和方向

（2）进入页面后单击头像进入修改头像的页面。先选择图片，上传后再查看头像的预览效果，无误后单击"下一步"按钮，如图7-13所示。

图7-13 头像修改

方头像与圆头像有以下作用。

①圆头像：在公众号的详细信息页展示，用户个人关注展示。

②方头像：在跟用户聊天时显示。

③圆头像和方头像无法分开设置，头像上传后，系统会对同一头像自动拉取圆形头像或方形头像。

（3）再次预览头像修改效果，确定无误后单击"确定"按钮，完成头像的修改。

3. 人员设置（绑定长期/短期运营者微信号）

为了更方便与安全地管理公众号，每个公众号可由管理员添加绑定部分长期运营者或短期运营者微信号，运营者微信号无须管理员确认即可直接登录公众平台和操作群发。

（1）单击设置中的"人员设置"选项，进入页面，可以看到管理员信息，还可以进行运营者管理。单击右下方"绑定运营者微信号"选项进入设置页面，如图7-14所示。

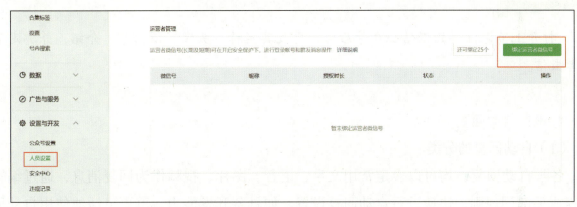

图7-14　微信运营人员设置页面

（2）可根据企业需要，选择绑定时长为"长期"或"短期（一个月）"，输入需要绑定的运营者微信号，单击"邀请绑定"按钮即可，如图7-15所示。

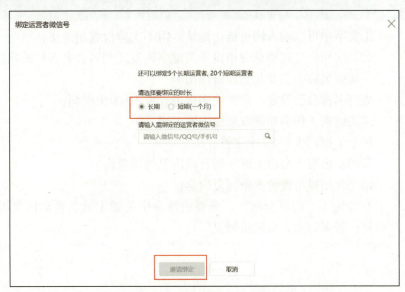

图7-15　绑定运营者微信号

具体的绑定类别、时长及规则如表7-5所示。

表7-5 绑定运营者规则

运营者类别	绑定时长	绑定规则
长期运营者	长期	①绑定的运营者微信号需先关注该公众账号； ②已经开通了账号保护的微信号、绑定了银行卡的微信号； ③最多可绑定25个运营者微信号：5个长期运营者，20个短期运营者
短期运营者	一个月	

如果绑定的运营者出现退出、更换等人员变动，可解除长期/短期运营者微信号。步骤如下：进入公众平台→设置→人员设置→运营者管理，解除绑定。

实战演练

打开上节课注册的微信公众号后台，更改其名称、头像、微信号、介绍，并绑定运营者微信。

4. 设置自动回复

（1）自动回复的分类。

各类自动回复，均可以设定常用文字、语音、图片、视频作为回复消息，通过编辑内容或关键词规则，快速进行自动回复设置。如具备开发能力，可更灵活地使用自动回复功能。关闭自动回复功能之后，该功能将立即对所有用户生效，如表7-6所示。

表7-6 自动回复类别规则

类别	规则及说明
关键词回复	①文字中可以输入网页链接地址，但不支持设置超链接； ②关注用户发送消息命中设置关键字回复规则后会有5秒的响应时间； ③规则名称（主要起到区分作用） 规则名称自己设定，每个规则里可设置10个关键词； ④关键词（作为粉丝发来命中的关键字） 每个关键词少于30个字符； ⑤回复内容（命中关键字后自动回复的信息内容） 每个规则里可设置5条回复内容； ⑥勾选了"回复全部"，只要粉丝命中关键字就会自动回复该规则内的所有回复；若未勾选，会随机回复

续表

类别	规则及说明
收到消息回复	①消息自动回复：每小时内回复 1~2 条内容； ②暂不支持设置图文、网页地址消息回复； ③消息自动回复只能设置一条信息回复
被关注回复	在微信公众平台设置自动回复后，粉丝在关注该公众号时，会自动发送该公众号设置的文字、语音、图片、视频给粉丝，设置后可根据需要"修改"或"删除回复"

（2）微信公众号的自动回复设置。

①设置链接，增加互动。

恰当的链接，可以引导用户及时获取自己感兴趣的内容，增加互动，提升用户对公众号的认同感，从而更多地分享转发。前面提到的"关键词回复"是不支持超链接的。但在"收到消息回复""被关注回复"中添加简单代码"<a href="链接网址"> 文字 </a>"，或者具备第三方平台的开发能力，就可以灵活地使用自动回复功能。例如，在微信公众号后台中，进入自动回复的"收到消息回复"，添加代码"<a hrep=" https://www.mi.com/ "> 小米官网 </a>"，单击"保存"按钮，即可生成超链接，如图 7-16 所示。在微信公众号的对话框中发送任意消息，都可显示"小米官网"的超链接。

图 7-16　设置超链接

②提示关键词回复。

公众号可以根据自己的目标用户群体有针对性地提供一些功能,同样可以增加互动,从而实现内容变现。例如,在关注某公众号后,引导粉丝输入关键词"买""推""订"进入自己的微店铺,从而实现内容变现,如图7-17所示。

图7-17　提示关键词回复

③提醒用户使用菜单栏。

当公众号制定出有趣或有价值的自定义菜单后,可以在自动回复中提醒用户使用菜单栏,促进互动。否则,用户可能只是偶尔看到推送的文案,而不会主动使用菜单栏。

实战演练

1. 完成公众号的关键词回复、收到消息回复、被关注回复。

2. 为一个专做手机产品分享的微信公众号在设置的自动回复中加入导航跳转链接——华为官网。

任务2　微信公众号图文排版

案例导入

微信公众平台是腾讯公司在微信的基础上新增的功能模块，通过这一平台，个人和组织都可以运作一个公众号，以展示个人及组织的形象，以文字、图片、视频等形式向外界传播实时信息。一年一度的暑假又来临了，为了更好地促进家校合力，保证学生暑期的安全，以微信公众号的形式来制作《暑期致家长的一封信》，共同协力帮助家长更好地接过教育的接力棒，指导并督促孩子安排好假期生活。

任务描述

说起《暑期致家长的一封信》，有的同学不禁想起用一页纸的形式来呈现内容，也有的同学问起"怎么用微信公众号来制作呢？可以添加图片和音频朗读吗？"在本任务中，我们将系统地学习微信公众号从编辑器的注册到发布内容的全部制作流程，进而对微信公众号有全面的了解。

任务准备

1. 第三方编辑器

目前市场上主流的第三方编辑器包括96编辑器、秀米编辑器和135编辑器等，表7-7从样式模板、图片编辑、一键操作、图文导入、音视频导入操作五个角度对不同编辑器之间的功能进行了分析。

表7-7　第三方编辑器功能分析

第三方编辑器	样式模板	图片编辑	一键操作	图文导入	音视频导入
96编辑器	①竖排样式模板；②适合不同节日及行业场景使用	①支持对文字字号、颜色、字体等常规内容的编辑；②支持导入素材及本地图片，裁剪图片	①一键排版；②选中图文按Delete一键删除	①支持采集文章、导入Word、导入PDF；②网址导入文章内容，支持今日头条、微信公众号文章、一点资讯等	—

续表

第三方编辑器	样式模板	图片编辑	一键操作	图文导入	音视频导入
秀米编辑器	①竖排样式模板；②支持模板素材从用途、行业、节假日、风格及色调划分	①支持图片添加阴影、边框、透明度功能；②支持图片旋转、剪辑、增强、取色功能	仅支持选中内容一键秒刷，应用格式	①仅支持Word文档导入，不应用文档格式；②微信导入功能；③设置文档段落及首行缩进格式	①支持网址或通用代码导入视频；②仅能通过微信公众平台导入音频
135编辑器	模板样式种类最为丰富	①支持图片添加阴影、边框、编辑美化功能；②支持图片添加样式、旋转、剪辑、调整尺寸、改变形状功能	①支持全文一键排版；②支持全文一键秒刷	①支持微信公众号文章导入；②第三方平台文章导入；③支持文档导入	①支持网址或通用代码导入视频；②支持搜索QQ音乐并导入

每个编辑器都有自己的特色，请同学们根据作品类型选择适合自己的编辑器进行创作。

2. 第三方编辑器的主要功能（以96编辑器为例）

96编辑器是一款在线图文排版工具，主要应用于微信文章、企业网站（企业可个性化订制）以及邮箱等多种平台图文素材的排版。免费注册后用户可使用平台提供的10万+样式和文章模板进行图文排版，还可以体验秒刷、一键排版、全文配色、公众号管理、微信变量回复、48小时群发、定时群发、云端草稿、文本校对等40多项功能与服务（部分功能需付费使用）。

（1）微信复制、外网复制。

用于将编辑好的内容复制、粘贴到微信公众号平台，或者粘贴到其他网站中。

（2）保存同步。

保存同步功能用于将未编辑完的文章保存于自己的账号中，在左侧"我的文章"中找回文章并再次编辑，如图7-18所示。

（3）导入文章。

可用于从网址导入文章，可支持今日头条、微信公众号文章、百家号、网

图7-18 保存同步

易号、新浪看点等平台的文章一键导入功能，输入网址后单击"确定"按钮即可，如图7-19所示。

图 7-19　导入文章

（4）手机预览。

手机预览功能可利用计算机端预览，手机移动端阅读文章的效果，便于发现排版中存在的问题，并及时修改。同时也支持手机扫码，生成临时文件供预览，但是预览只有1小时的有效时长，超过1小时则无法查看。

（5）生成长图。

用于将编辑好的文章转变成图片，可以直观地看到文章内容，也可以直接分享到朋友圈、微博中，目前96编辑器支持的图片格式有375px、480px、720px、1080px以及PDF格式，如图7-20所示。

图 7-20　生成长图

（6）自动排版。

如图7-21所示，可以在自动排版页面选择合适的格式，然后单击"执行"按钮。

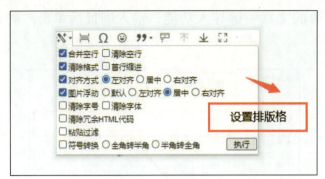

图 7-21 自动排版

【练一练】

结合样式模板、图片编辑、一键操作、图文导入、音视频导入操作五个角度来对不同编辑器之间的功能进行操作练习。

实战演练

整理和分析第三方编辑器的异同,并填写在表 7-8 中。

表 7-8 第三方编辑器功能

第三方编辑器	主要功能	特色功能
96 编辑器		
秀米编辑器		
135 编辑器		
小蚂蚁编辑器		
i 排版编辑器		

任务实施

活动一:第三方编辑器注册与登录(以 96 编辑器为例)

步骤 1:选择浏览器。

推荐使用谷歌浏览器、360 安全浏览器、猎豹浏览器等浏览器版本,以免造成界面打开异常等问题。

步骤 2:在网页上搜索 96 编辑器,这是一款网页版的编辑器,不需要下载即可进行编辑,搜索关键词"96 编辑器",直接单击官网链接进入即可,如图 7-22 所示。

项目 7　微信公众号运营

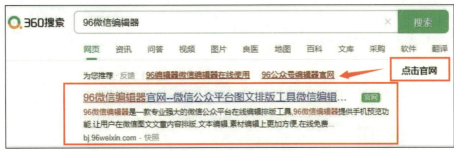

图 7-22　单击官网

步骤 3： 首次使用的用户，单击右上角的"注册"按钮进入注册或登录页面，如图 7-23 所示。用户可根据自己的实际需要选择手机号码、QQ 号、微信号等任意一种方式进行注册。

图 7-23　注册或登录

步骤 4： 用户可根据上述注册方式登录。

活动二：使用 96 编辑器进行编辑（以《暑期致家长的一封信》为例）

步骤 1： 登录 96 编辑器，选择适用于《暑期致家长的一封信》的模板，如图 7-24 所示，再单击"插入编辑器使用"按钮，即可返回编辑器中使用，如图 7-25 所示。

图 7-24　选择模板

图 7-25　插入编辑器使用

步骤 2：对选中的模板进行编辑，更改公众号标题"××学校 2022 年暑期致家长的一封信"、开头问候语及放假时间，如图 7-26 所示。

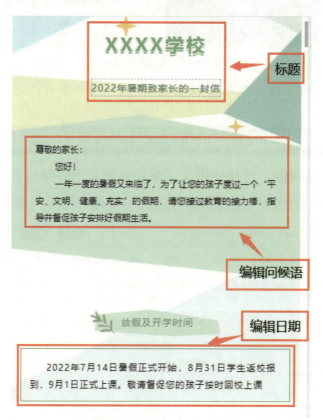

图 7-26　编辑公众号（1）

步骤 3：输入标题二"暑期安全须留心"及正文部分，修改标题文字字号为微软雅黑，大小为 15px，正文部分首行缩进为 2，行间距为 2，如图 7-27 所示。

项目7　微信公众号运营

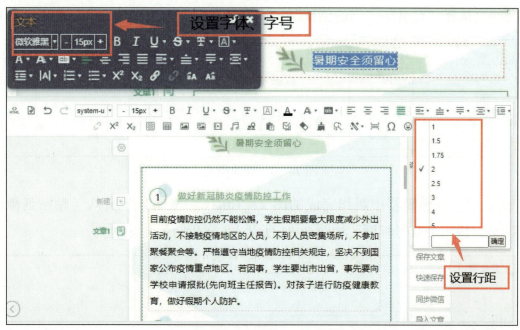

图7-27　编辑公众号（2）

步骤4： 输入图7-28中的标题内容，并按步骤3的方法进行修改完善，在编辑器中完成初始编辑。

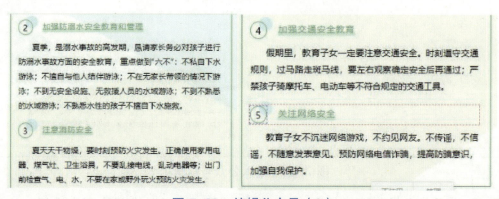

图7-28　编辑公众号（3）

活动三：在微信公众号平台发布内容（以《暑期致家长的一封信》为例）

步骤1： 在浏览器中输入微信公众号，进入官方网站，如图7-29所示。

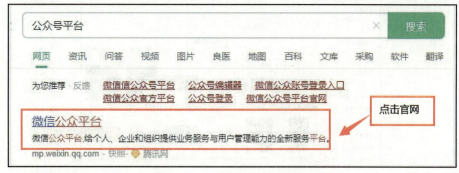

图7-29　微信公众号平台

步骤2：选择"首页"—"新的创作"—"图文消息"命令来新建图文，如图7-30所示。

图7-30　新建图文

步骤3：将96编辑器中制作完成的图文"Ctrl+C"复制，"Ctrl+V"粘贴到微信公众号空白区域，输入公众号标题，如图7-31所示。

图7-31　输入公众号标题

步骤4：设置公众号封面，如图7-32所示，可以从正文或图片库中选择。

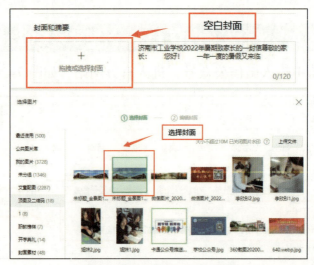

图7-32　设置公众号封面

步骤 5：单击"预览"按钮可以发送到手机中预览文章，如图 7-33 所示。注意在关注公众号的情况下才可以接收消息预览。在输入框中输入微信号、QQ 号或手机号，均可接收预览消息，实时发送至手机，预览查看效果后再群发消息。

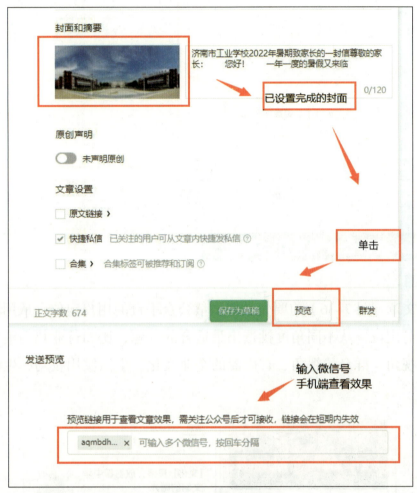

图 7-33　预览文章

步骤 6：群发时可以选择"立即群发"或"定时群发"，如图 7-34 所示。进入定时群发功能后，可以设置群发的日期和时间，如图 7-35 所示。

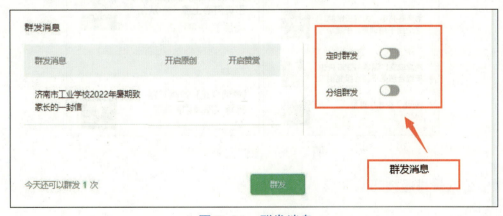

图 7-34　群发消息

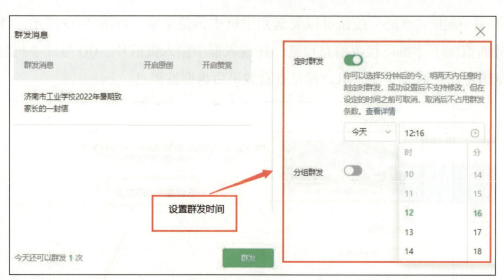

图 7-35　设置群发时间

活动四：探索微信公众号写作与排版

1. 微信文章写作

写作微信文章（图 7-36）前要先做好微信公众平台的用户定位，从用户的需求来进行内容的策划与定位，从不同角度挑选出最适合的选题，比如行业热门消息、有深度的干货、名人的视角、群众的视角、有内涵的企业文化、生活实用技巧、生活感悟、产品福利活动等。

图 7-36　微信文章写作

2. 微信公众号排版技巧

（1）配色。

正文排版采用的配色最好和图片中的颜色相近或者相协调，使全文配色协调舒适。

（2）正文标题。

正文中的标题一般设置为居中、加粗的字体，其中一级标题尽量少于 10 个字，二级标题尽量少于 15 个字，字体要比一级标题略小，如图 7-37 所示。

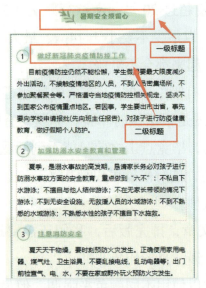

图 7-37　正文标题

（3）正文段落。

正文的段落文字一般采用灰黑色，行间距 2.0，缩进 0.5，同一屏幕中不要超过 3 处正文加粗，每处不要超过 40 字，单段长度不超过手机一屏，否则容易使用户视觉疲劳，从而影响阅读效果。文章两侧留白，整体缩进 0.5 或 1 个字符，文字居中对齐，视觉效果舒适，阅读体验更佳，如图 7-38 所示。

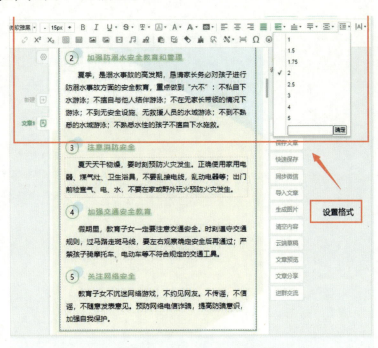

图 7-38　正文段落

（4）排版的基本原则。

①微信的内容不宜过长，微信文章内容最好不要太啰唆，做到简洁明了，不要去挑战粉丝的耐心，尤其在移动端。

②文章内大标题字号不要超过 20 号，文章行距为 1.5~1.75，更适合在手机上阅读。正文中的字体最好使用 15px，以最少不要小于 14px、最大不要超过 16px 为佳。毕竟手机屏幕有限，字体太大、太小看起来都会不舒服。

③文章标题 13 字以内、"有吸引力的"，文章的标题是在推送时显示的，文章的标题超过 13 字会换行，遮挡封面图是很糟糕的体验。标题要有吸引力，吸引用户点击，一个有吸引力的标题是非常重要的，毕竟点击之前只能看到标题和封面图。

④文章内容可以分层阐述，这时候就可以使用（一）（二）（三）；1、2、3；①、②、③这类字符对文章内容进行梳理。

⑤保证无错别字，写完文章，排完版后，我们还需要通篇检查是否有错别字，尽量做到无错别字，给粉丝留下严谨认真的印象。

⑥为了突出文章内容，可以使用不同颜色来强调，但最好不要超过 3 种颜色。

实战演练

你了解哪些公众号第三方编辑器？你最喜欢哪一种？结合它来编辑并发布一篇微信公众号文章吧！

任务3　微信公众号的推广

案例导入

1号店"你画我猜"微信营销活动

1号店推出了"你画我猜"微信营销活动。在关注1号店的微信账号之后，1号店微信账号每天会推送一张图片给用户，然后用户就可以通过回复答案的方式参与到游戏当中，猜中并且在名额范围以内就有奖品。

其实"你画我猜"的概念是来自火爆的App游戏Draw Something，并非1号店自主研发的，只是1号店首次把游戏的形式结合到微信活动推广中来。

1号店将猜图的有趣和抢答的紧张结合在一起，以非常低的成本博得实实在在的奖励。这样，让手机端的用户与Web端互动起来，1号店以非常小的成本就为电子商务平台导入了大量有针对性的流量。

任务描述

随着微信平台的不断发展，微信用户的不断增加，微信上存在大量的资源，很多企业还有商家都开始在微信上做营销了。微信公众号作为营销渠道，想做大做强，除了要保证内容优质，还需要推广渠道，让更多人知道自己的微信公众号，这样才会有越来越多的人关注。如何做好微信公众号推广是本任务探究的重点。

任务准备

1. 微信公众号推广的意义

微信公众号作为网络营销推广的一个重要渠道，和用户之间建立了直接的联系，是和用户进行互动的重要平台。微信公众号的价值和意义及其具体体现如表7-9所示。

表7-9　微信公众号的价值和意义及其具体体现

微信公众号的价值和意义	具体体现
提供了忠诚和活跃的用户	单向推送的消息可以看到粉丝的反应和动向，抓住精准用户

续表

微信公众号的价值和意义	具体体现
为客户提供有价值的信息	微信公众平台是一个可以主动直接向粉丝推送消息和服务的渠道，向客户展现企业更大的价值
对客户进行管理	根据对粉丝操作等行为进行分类管理，可有针对性地推送消息
类短信平台	微信公众平台可单次向所有粉丝推送消息，粉丝亦可回复，双方可进行互动，类似一个短信平台且更好管理
引来优质流量	微信公众号是在客户服务、销售二次转化、黏度提升、口碑提升等多方面作用明显的一个工具
市场调查	通过微信公众号，企业可进行市场调查，了解用户的需求进而推出更加精准的服务和产品

2. 微信公众号推广的五要素

（1）内容。每类用户都有自己的喜好，这些用户之间会形成各种圈子，当你的内容被他们喜欢的时候，他们可能会分享传播，从而吸引更多相同属性的用户来关注你。通过持续分析后台数据，我们相对容易看出用户究竟喜欢哪些内容，通过不断地试错去吸引他们。公众号内容产出有两类模式，一种是原创，另一种是转载。

（2）服务。有些用户关注一个公众号，并不是因为对内容有多大兴趣，而是看中它可以通过服务满足自己的需求。做好用户画像，就可以了解用户具体有哪些需求，从而提供服务来满足他们，也吸引更多类似的用户来关注。用户对公众号的黏性不完全依赖于它的内容品质、知名度、品牌联想及传播，它与订阅者本身的特性密切相关，微信粉丝忠诚度低的根本原因是公众号无法为微信用户提供刚需服务，不能满足粉丝的真实需求。

（3）活动。活动是为了增加新用户或者刺激活跃用户而使用的一些激励、互动手段。做活动，往往会付出很大的成本，所以更需要对用户属性有清晰的认识，不然即使花了钱用户也不买账，得不偿失。在做活动之前，你一定要明白哪些用户是你花钱也要得到的，哪些是来不来都无所谓的，这样投入产出比才会更高。

（4）渠道。真正熟悉新媒体运营的人都知道，要想做出影响力，多渠道覆盖是必经之路。而渠道又非常多，渠道不同，投入产出比也不同，究竟哪些渠道的投入产出比较高，这就需要借助用户画像法了。

（5）社群。网络营销的本质是做容器，能直接产生经济行为的叫强容器，例如直接用来卖东西的App（如手机淘宝等）；间接产生经济行为的叫弱容器，如微博、微信等，可以把潜在客户都装起来，但不管加多少粉，其本质上只是一个导购路径。而社群运营则是一种对接弱容器流量到强容器，承载用户产生销售的终极容器。

任务实施

活动一：微信公众号常用的吸粉技巧

微信公众号吸粉的方法非常多，比较有效的技巧包括建立核心原创内容、各种社交网站推广、活动推广、视频推广、微信公众号之间互推、朋友圈广告投放等。

1. 建立核心原创内容

微信公众号在刚启动的时候，必须要有几篇核心的高价值原创内容，这可以让第一波来到公众号的粉丝能感受它的价值，愿意继续留下并传播开来。中商产业研究院发布的《2021年中国微信公众号综合排名情况》显示，"十点读书"光荣入榜且排名靠前，这与该公众号发布大量内容优质的原创文章是分不开的。

2. 各种社交网站推广

通过QQ空间、微博、人人网等社交平台做软文推广，必须在文章里面留下微信公众号及其二维码。这些文章必须是比较高质量的文章，只有这样才能吸引他人关注该微信公众号。另外，在百度知道、贴吧、知乎、豆瓣等网站做问答，自然地将微信公众号文字植入其中，这也是向微信公众号引流的一种技巧。

3. 活动推广

活动推广比较适合企业微信公众号的推广，主要分为线上活动和线下活动两种。

（1）线上活动。

线上活动主要以微信、微博、论坛贴吧、自媒体、视频直播网站等平台为载体，衍生出多种活动形式。比如，微信上的活动包括线上分享、公众号留言点赞、抢红包、大转盘、有奖转发/问答/调查、投票排名、微拼团、微信签到、趣味测试、一元购、微秒杀等。图7-39为大众日报公众号知识竞赛活动。

（2）线下活动。

线下活动主要包括培训、沙龙、地推

图7-39 大众日报公众号知识竞赛活动

现场直播免费体验、节日营销、促销、公益、周年庆、发布会、赞助、主题活动、晚会、展览会等。

4. 视频推广

利用视频推广微信公众号，就是通过拍一些公司的视频或者通过下载一些搞笑或热门的视频上传到优酷网、56视频网、抖音网等视频平台，并在视频中插入微信公众号的二维码。

5. 微信公众号之间互推

通过微信互推的方式可以以最快的速度达到强粉丝的效果。通过与其他微信公众号跟自己微信公众号相关的平台进行互通合作并互相分享自己的资源，可以起到事半功倍的效果。比如宣传化妆品的可以跟服饰类一起合作互推，起到互相服务、互相促进的效果，从而达到双赢。

6. 朋友圈广告投放

朋友圈广告投放（图7-40）是一种付费吸引粉丝的方法。企业可以通过朋友圈投放广告，将优惠信息快速大规模地触达至目标用户，引导用户领取微信优惠卡券并消费，还可以利用卡券核销数据进一步进行用户分析。

图7-40 朋友圈广告投放

【练一练】

线上活动主要以微信、微博、论坛贴吧等平台为载体，衍生出多种活动形式。在表7-10中列出微信、微博、论坛贴吧举办过的具体线上活动。

表 7-10 线上活动分析

平台	活动
微信	
微博	
论坛贴吧	

活动二：推广微信公众号

运营案例

"华强电子世界"微信活动策划方案

一、活动背景

深圳地区微信公众账号——"深圳华强电子世界"目前主要由客户服务部负责运营和管理，经过前期深圳二店企划活动的推广，深圳地区单店、员工的宣传，还有通过 WiFi 加粉的方式，微信服务号粉丝量从 2021 年 3 月初的 3152 人增长到 11 月初的 12653 人（其中商户粉丝超过 6000 人）。微信账号运营至今粉丝数日益增长，为了感谢粉丝的关注，增加粉丝的黏性，提高粉丝活跃度以及继续增加粉丝数，特开展此次季度粉丝回馈活动。

二、活动目的

1. 试水微信线上活动，提升华强电子世界微信号粉丝活跃度，增加微信线上活动策划经验。

2. 通过多渠道对活动的宣传，增加活动的参与度，引导新粉丝关注微信服务号。

3. 通过有奖活动回馈现有粉丝，增加粉丝对微信服务号的认同，并营造口口相传的效果。

4. 通过奖品设置，推广华 e 美食城，提高美食城知名度。

三、活动方案

1. 通过分享朋友圈获取抽 iPad 的机会，以免费抽奖的方式吸引粉丝关注。

2. 通过 100% 送华 e 美食城代金券的活动，反馈粉丝，提高粉丝黏性。

3. 通过抽奖活动分析华强电子世界微信号粉丝活跃度，为以后微信活动策划提供参考。

四、活动主题

我要中 iPad，美食红包免费抽。

五、活动时间

2021年12月19日—2022年1月17日。

六、活动安排

活动1：微信福利到，"我要中iPad air"。

（1）活动时间。

2021年12月19日—31日。

（2）活动流程。

用户关注微信→回复"我要中iPad"→验证已参与活动→微信管理员将已参与人信息录入Excel数据表→活动截止，12月31日24:00—1月4日计算机抽奖软件随机抽奖→1月4日公布中奖名单→用户凭微信回复页面兑奖，如图7-41所示。

活动2：微信福利到，"美食红包我要抽！"。

（1）活动时间：2022年1月17日。

（2）活动流程。

关注微信号→单击链接进入活动页面→抽取红包→凭中奖信息到收银台兑换代金券→至各档口消费使用→商户收集代金券、出具发票→华e美食城进行财务报账，如图7-42所示。

图7-41　幸运大转盘

图7-42　华e美食城

活动3：微信福利到，"微信打印送PP"。

（1）活动时间：2021年1月13日。

（2）活动内容：凡于元旦期间光临华强电子世界的顾客，均可参加免费打印微信照片的活动，每人每天仅限打印3张。每天送完即止，如图7-43所示。

图 7-43　微信打印送 PP

七、宣传推广

1. 网络媒体推广。

企业网站：华强电子世界官网、华强电子网。

微信微博：华强电子世界官方微博、微信，华强电子网官方微信。

微信大号：深圳吃喝玩乐生活（订阅号）、深圳全攻略（订阅号）。

论坛软文：选择深圳当地具有影响力的论坛，如深圳新闻网论坛、深圳之窗、深圳热线、鹏程社区等扩大活动宣传面。

2. 线下媒体推广。

户外广告：通风井、地铁施工围挡、微信打印机液晶屏。

华强电子世界通过微信福利到，"我要中 iPad air""美食红包我要抽！""微信打印送 PP"三个微信活动，吸引大量粉丝关注，成功推广了该微信公众号。

实战演练

请团队合作，为某微信公众号设计推广方案，完成表 7-11 的推广方案填写。

表 7-11　微信公众号推广方案设计

推广方案	
推广目的	
推广时间	
推广方法	
推广过程	

项目评价

请将评价填入表 7-12 中，达标画"√"，未达标画"×"。

表 7-12　学习自评

序号	自评知识点	佐证	达标	未达标
1	微信公众号的概念	能够理解并复述概念		
2	微信公众号的特点	能够说出八个特点		
3	微信公众号的类型	能够说出四个类型公众号的功能		
4	微信公众号的注册	能够注册订阅号并进行基本设置		
5	微信公众号的编辑	能够对公众号进行图文排版		
6	微信公众号的推广	能够说出微信公众号的推广方法		
序号	自评技能点	佐证	达标	未达标
7	能够独立注册微信公众号	能够独立注册订阅号		
8	能够对公众号进行设置	能够设置头像、微信、名称、介绍、自动回复		
9	能够对公众号进行编辑	能够使用第三方编辑器进行图文排版		
10	学会推广公众号	能够学会公众号吸粉技巧，制作推广方案		
序号	自评素质点	佐证	达标	未达标
11	创新意识	能够结合市场变化不断创新运营方式		
12	职业道德	遵守新媒体运营从业人员职业道德		
13	遵纪守法	遵纪守法，诚信经营		

思考练习

一、简答题

1. 什么是微信公众号？
2. 微信公众号的特点是什么？
3. 微信公众号的类型及功能有哪些？
4. 微信公众号排版的基本原则有哪些？

5. 微信公众号推广的五要素分别是什么？

二、实训题

请团队合作，共同搜集3~5个"10万+"阅读量微信公众号的成功吸粉案例，分析并总结它们成功吸粉的关注场景及推广方法，并填入表7-13中。

表7-13 微信公众号关注场景及推广方法对比

序号	微信公众号	关注场景	推广方法
1			
2			
3			
4			
5			

项目 8 短视频运营

随着移动互联网的高速发展，短视频行业已经成为 5 亿多人信息关注、分享和传播的江湖。在这样的环境下，新媒体人、商家和企业也关注到短视频的巨大潜力，无论是碎片化信息的有效传达，还是与用户之间的深度互动，短视频都有着巨大优势。既然短视频运营对企业来说如此重要，那么，运营人员应该如何做呢？本项目将重点介绍短视频的分类及制作流程，让同学们学会搭建短视频制作团队，并能够运用短视频拍摄设备进行短视频拍摄和后期剪辑。

学习目标

【素质目标】

1. 树立创新意识、创新精神，能够创新新媒体运营思维；
2. 具备正确的价值观，服务社会，开展积极向上的新媒体运营活动；
3. 践行社会主义核心价值观，树立精益求精、甘于奉献的工匠精神；
4. 养成诚实守信、遵纪守法的习惯，合法从事新媒体运营活动。

【知识目标】

1. 了解短视频发展历程；
2. 理解短视频分类；
3. 掌握短视频制作流程。

【技能目标】

1. 学会搭建短视频制作团队；
2. 能熟练操作短视频拍摄设备；
3. 会熟练操作短视频后期剪辑软件。

任务1 认识短视频

案例导入

金秒奖根据全部参赛作品的平均时长和达到百万以上播放量作品得出：短视频是时长4分钟，以互联网新媒体为传播渠道的内容载体，其形态包括纪录片、创意剪辑、品牌广告和微电影等。

"57秒、竖屏"是快手短视频平台对于短视频行业提出的标准。

任务描述

学校要举办短视频大赛，要求拍摄1条时长在4分钟以内的短视频参加比赛，你首先应该明确：

（1）视频应拍摄什么样的内容？

（2）怎么做到高播放量？

（3）短视频拍摄与剪辑应该注意什么？

在制作短视频之初要对短视频有比较清晰的了解，这样才能创作出适合当前时代、高质量的作品。那么短视频是如何发展起来的？它具有什么特点？短视频的类型有哪些？我们可以做哪些短视频？我们应该如何选择发布短视频的平台？本任务将一一解答。

任务准备

1. 短视频的发展历程

（1）短视频的概念。

短视频是一种时长以"秒"计算，长度不超过5分钟，依托于移动智能终端快速拍摄、编辑而成的视频。短视频是可以在社交媒体平台进行实时分享的一种新型视频形式，主要供用户利用碎片化时间观看。与传统视频相比，短视频具有短、低、快、强等特点。

短：结构短小，内容多样。时长短，常见的短视频时长有15秒、30秒、60秒等，这样的时长有助于用户利用碎片化的时间接受信息。

低：拍摄门槛低，制作简单。制作成本和门槛低，短视频的拍摄可以使用手机，剪辑也可以使用 App 而非专业大型剪辑软件。人员配置十分简单，可以是几个人的团队，甚至一个人也可以完成全部工作。

快：传播迅速，交互性强。内容节奏快且传播速度快。15 秒的视频内会讲述一个事件，甚至是一个故事。如果内容有意思，瞬间可以被转发，一天内可达百万播放量。

强：指向性强，目标精准。用户参与性强。用户可以为短视频点赞、评论等。用户的这些参与度直接影响短视频的生命力。

（2）短视频的发展。

①潜伏期（2011—2012 年）：移动互联网发展早期，智能手机尚未全面普及，用户观看及分享微视频的行为初步形成；短视频产品虽有雏形，但大多是以网络短片或者微电影的形式存在。

②成长期（2013—2015 年）：伴随着移动流量资费的降低，移动端开始陆续出现短视频产品，以创业、新生公司为主的短视频内容生产及聚合平台开始遍地开花。

③发展期（2016—2017 年）：移动资费大幅下降和内容分发效率的提高促使短视频用户呈规模化大幅上升，流量红利明显，短视频正式步入发展的快车道。

④爆发期（2018—2022 年）：目前短视频月活用户的互联网渗透率已经逼近 50%，用户规模预计在 2~3 年内达到天花板。随着短视频用户规模的爆发式增长，越来越多的内容安全问题相继出现，监管开始趋严，短视频进入合规发展的爆发期末尾。

⑤成熟期（未来 2~3 年）：预计在未来 2~3 年，短视频行业将告别流量红利期，争夺用户使用时长及加强内容变现能力将成为平台发力的重点。短视频行业不久后将进入内容精品化、商业化，竞争格局相对稳定的成熟期。短视频的发展如图 8-1 所示。

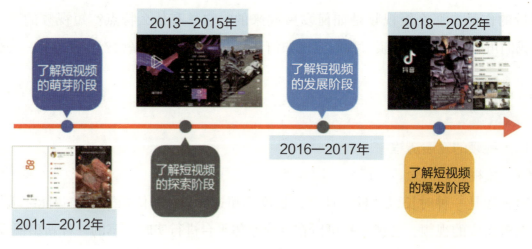

图 8-1 短视频的发展

（3）短视频的价值。

短视频在媒体生态中的地位持续攀升，从具体使用时长看，日均观看短视频超过 60 分钟的用户占比达 56.5%，人均每天使用时长升至 87 分钟，预期观看短视频时长增加的用户占比升至57.9%。同时，短视频成为用户碎片化时间的黏合剂，"晚上睡觉前"观看的用户占比上升最快，2021年升至61.3%；20.7%的短视频用户选择在"看电视时"看短视频。《中国互联网发展统计报告》中显示短视频用户规模与使用率还在持续走高，如图8-2所示。

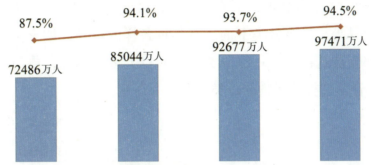

图8-2　2018年12月—2021年12月网络视频（含短视频）用户规模及使用率

运营案例

"国民团宠"汪汪与喵喵在快手平台的数据表现十分惊人。喵喵的月点赞量可达1.9亿次，评论量达641万次，如图8-3所示。

图8-3　汪汪与喵喵

2021年，抖音电商规模也处于高速增长阶段，不仅电商带货主播规模持续扩大，销售额也在稳步提升。特别是在"兴趣电商"的背景下，平台通过个性化算法更高效且精准地对接消费者和商家，推进了带货内容的规范化，促进抖音向更良性、健康、可信赖的方向发展。

2. 短视频的分类

（1）按照短视频内容不同划分。

短视频根据内容可划分为搞笑类、访谈类、电影解说类、时尚美妆类、文艺清新类、才艺展示类、实用技能类、美食类、故事类、健康类、运动类、资讯类等。例如，抖音首先将所有视频分为24个大品类，下面会进行二级分类，例如美食类，二级分类又分为美食制作、美食探寻等。二级分类下面还有各种各样的标签，如家常、减脂、特色美食等。所有的视频都会被这样一级一级分类，然后打上多个标签，再与用户的喜好标签匹配，进行推送。抖音美食类短视频的分类如图8-4所示。

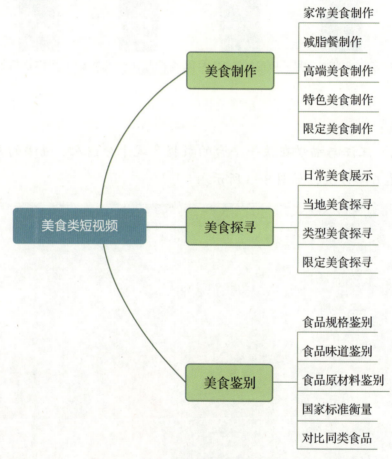

图8-4 抖音美食类短视频的分类

短视频如此划分是为了锁定圈层，精准传播。"圈层"是指在营销过程中，把目标客户当作一个圈层，通过针对圈层的一些信息传递、体验互动，进行精准化营销。在抖音上，圈层传播的营销价值在于品牌可以让产品内容精准地面向年轻用户，用最贴近年轻人的方式进行传播营销，降低了筛选目标群体的成本，用较低的广告成本获得较高的传播收益。

（2）按制作团队分类。

根据短视频创作者的专业水准和内容的专业程度，短视频的创作团队可分为三类：

UGC（User Generated Content）、PGC（Professionally Generated Content）、OGC（Occupationally Generated Content）。

① UGC：用户生产内容，用户不仅是观看者，而且可以制作自己喜欢的内容，如抖音平台中很多用户会在账号中发日常拍摄的趣事或美景。

② PGC：专业用户生产内容，是指专业用户生产内容，相对于 UGC 用户，PGC 用户生产的短视频更加具有专业性，更加具有深度，比如汽车测评视频。

③ OGC：职业生产内容，在视频、新闻等网站中，以提供相应内容为职业，如媒体平台的记者、编辑。

（3）按短视频平台分类。

对于短视频运营来讲，最重要的就是流量。优质的内容和专业的创作应该选择对的平台去投放，这样才能获取更多的流量、更精准的效果。根据平台的推荐规则，可以将平台分为推荐渠道、媒体渠道、粉丝渠道三类。

① 推荐渠道：系统根据算法和推荐机制来对短视频进行推荐，分配流量，这样的方式人为因素很少。代表平台有抖音、快手、今日头条、百家号、企鹅号等。

② 媒体渠道：在此类平台投放的短视频用户通过搜索、媒体相关推荐的方式来为用户展示短视频。这样的机制即为"得编导者，得天下"，通过编导编辑获取好的推荐位即可以获得高流量。代表平台有腾讯视频、爱奇艺、搜狐视频、B 站等。

③ 粉丝渠道：粉丝渠道的平台，账户中的粉丝数量直接决定了播放量。如果粉丝基数大，发布的视频就会有很大流量。代表平台有美拍、秒拍、微信公众号等。

【练一练】

1. 短视频具有什么特点？
2. 短视频是如何分类的？
3. 假设你是一名初级的 UGC 创作者，没有多少粉丝，也没有推广渠道，应该选择哪一类的平台入手呢？

任务实施

活动一：掌握短视频制作流程

短视频制作应明确分类及受众定位，选定拍摄主题，撰写视频脚本；然后根据拍摄目的、投入资金等实际情况组建制作团队，准备拍摄器材，熟练运用剪辑工具剪辑制作。

1. 明确短视频脚本具体意义

短视频脚本是整个未来要拍摄短视频的蓝本，所有参与短视频制作的相关人员都要以此为依据。在拍摄、剪辑、后期都会以此作为参照，因此脚本中要明确拍摄目的、视频总体框架、人物设置、场景设置、故事线索、影调运用、音乐运用以及镜头运用。短视频脚本的具体意义如表8-1所示。

表8-1 短视频脚本的具体意义

要素	具体意义
拍摄目的	明确拍摄视频的目的是展示商品、宣传企业，还是记录生活等
框架搭建	明确搭建视频总构想，如拍摄主题、故事线索、人物关系、场景选地等
人物设置	明确需要设置几个人物，他们分别扮演什么角色
场景设置	明确在哪里拍摄，如室内、室外、棚拍等
故事线索	明确剧情如何发展，以及利用怎样的叙述形式来调动观众情绪
影调运用	根据视频的主题情绪配相应的影调，如悲剧、喜剧、怀念、搞笑等
音乐运用	运用恰当的背景音乐渲染剧情
镜头运用	明确使用什么样的镜头诠释视频内容

2. 选择短视频脚本类型

短视频的制作周期短、制作频率高，根据短视频的内容与呈现类型不同，可以做不同类型的脚本。一般有三类可以供选择：分镜头脚本、拍摄提纲、文学脚本。

（1）分镜头脚本。

分镜头脚本在各短视频平台中运用比较广泛。这种脚本形式相当于文字版的视频，好的分镜头脚本可以让人一看就有画面感。这种类型脚本的优势，是可以通过画面的描述，展现出一个情节性、逻辑性强的内容，让人一目了然，在一定程度上可以减少撰写脚本者和拍摄人员的沟通成本。此类脚本创作起来相对来说比较耗时耗精力，这也是这种类型脚本的弊端。

（2）拍摄提纲。

拍摄提纲是指为拍摄一部短视频而制定的提纲挈领的拍摄要点。比如，去医院进行医疗题材的宣传片、纪录片、短视频等拍摄，我们可能对即将要拍摄的医疗知识知之甚少，所以可以采用拍摄提纲的脚本形式。由于这类脚本只是一个大纲，其可控性低，需要在脚本写作中做好足够的提示，引导拍摄工作有序进行。

（3）文学脚本。

与分镜头脚本相比，文学脚本形式上相对简易，分镜头脚本偏重于描述画面，而文学脚本偏向于交代内容，适用于那些非剧情类的短视频创作。比如，知识输出视频、美食测评视频等。撰写文学脚本，主要是规定好人物所处的场景、台词、动作姿势、状态以及视频的时长。这类脚本对创作者的文笔和语言逻辑能力的要求比较高。

活动二：搭建短视频制作团队

一般情况下，简短的视频制作需要 5~7 人的制作团队即可维持正常运营，例如，生活类的连续短剧或系列短剧视频，每集 5 分钟左右，每周要产出 2~3 集，团队人员配置为编导 1 名，摄像师 1 名，剪辑师 1 名，运营人员 1~2 名，演员 1~2 名。团队人数并不是固定不变的，而是由实际情况和人员能力来决定。比如也有一个人独自制作短视频并运作账号，或者仅有两人，一个负责编导、出镜，另一个负责拍剪、发布等。如图 8-5 所示，根据需要完成以下工作职能，人员数量可以根据发展状况来确定。

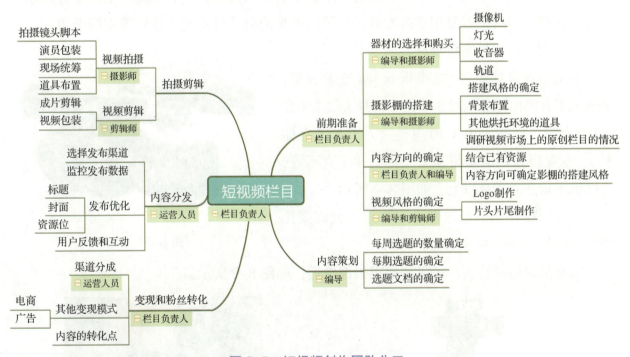

图 8-5 短视频创作团队分工

活动三：使用短视频拍摄设备

摄影摄像是一个专业性很强的领域。拍摄器材多种多样，性能各异，从业者选择的拍摄设备也因人而异。视频创作的初学者并不需要特别专业、价格高的拍摄设备，一部智能手机即可完成拍摄工作。比较专业的制作团队可以根据拍摄要求选用专业的拍摄设备。

摄影器材有专业的摄像机、单反相机，也可以使用手机，可根据拍摄的题材内容进行选择，有时候手机的拍照效果反而比其他专业设备更好。摄影器材的分类如图 8-6 所示。

```
·清晰度                                    ·微型电影、情景剧（选用手机或单反）
·变焦（光学变焦、数码变焦、双摄变焦）      ·直播、街头恶搞（选用手机）
·防抖（光学防抖、电子防抖）                ·采访、教学类（选用摄像机）
·实用便捷性
·像素
·手动控制功能
```

(a) (b)

图 8-6 摄影器材的分类
（a）按器材功能选择；(b) 按视频题材选择

摄影器材的选择也可以从拍摄需求出发，即画面、声音、灯光。

1. 根据画面需求选择器材

画面主要是清晰度、画质、色彩的要求，主要对两种器材进行甄选：拍摄器材和稳定器材。这两类器材是需要相互匹配的，也可以说是拍摄器材决定了稳定器材的使用。

（1）摄像机与其稳定器材。

小型摄像机尺寸为 172 毫米 ×164 毫米 ×317 毫米（不含突出部分），2.3 千克（机身），2.7 千克（带镜头盖，眼罩，BP-U30 电池，一个 SXS 存储卡）。专业摄像机的重量从 2 千克到 4 千克不等，肩扛机重量在 4 千克以上，如图 8-7 所示。

因此，摄像机的稳定器（三脚架）就需要比较大的体量，如图 8-8 所示。

图 8-7 摄像机

若要拍摄运动镜头，还需要架设摄像轨道，如图 8-9 所示。

图 8-8 摄像机三脚架

图 8-9 摄像机轨道

（2）照相机与其稳定器材。

照相机的一般尺寸为 130 毫米 ×95 毫米 ×63 毫米，相机重量 500~800 克，手持比摄像机方便，如图 8-10 所示。

照相机三脚架的体量也比摄像机的三脚架要轻盈，便于携带，如图 8-11 所示。

相应的运动轨道也会比较简便，更容易架设与调节，如图 8-12 所示。

图 8-10　照相机

图 8-11　照相机三脚架

图 8-12　照相机轨道

（3）手机与其稳定器材。

手机的常见尺寸为 120 毫米 ×60 毫米 ×8 毫米，重量为 100~200 克，并且具备一定的防抖功能，但是拍摄时也应配备稳定器材以保证画面的质量。手机的稳定器体量小，也会配备一些运镜功能。如图 8-13 所示为手机手持稳定器。

2. 根据声音需求选择器材

拍摄中如果只是收取主要人物讲话可以为主要人物配备无线收音麦克风，一台摄影器材可以连接一个或多个无线收音麦克风，如图 8-14 所示。

如果需要现场收音，还需要为摄影器材添加外置收音麦克风，如图 8-15 所示。

图 8-13　手机手持稳定器

图 8-14　无线收音麦克风

图 8-15　摄像机外置麦克风

收音设备与拍摄现场需求是紧密结合的,尤其是拍摄外景时,要注意携带适合与足够的收音设备和器材。

3. 根据灯光需求选择器材

灯光的需求要根据室内室外、黑夜白天等各种不同的情况来考虑。室内拍摄需要自行架设灯光,因此需要的灯光设备更多;室外的灯光拍摄需要的大多是光的补充与调节,因此更需要反光与柔光设备。常见的室内灯光布设如图8-16所示。

图 8-16 室内灯光布设

在拍摄外景时,在光线好的条件下,可以借助反光或柔光器材来调节光的效果,如图8-17所示。

图 8-17 外景拍摄补光

夜景拍摄的灯光需求比较高，需要大型灯光设备来制造足够的光源，如图8-18所示。

图8-18　夜景拍摄补光设备

【练一练】

根据所学内容，确定拍摄主题，构思拍摄场景。根据主题与场景，考虑拍摄所需的相应器材，并填写在表8-2中。

表8-2　设计短视频拍摄

拍摄主题	
拍摄场景	
拍摄器材	
收音器材	
灯光器材	
其他辅助器材	

活动四：短视频后期剪辑

短视频拍摄完成后要进行后期的剪辑制作，这时候需要配合使用相应的软件，如手机端剪映App或计算机端剪映，抑或更加专业一些的Adobe Premiere。

1. 手机端剪映

剪映可以说是专为短视频创作而生的App。其操作十分容易上手，界面简单易懂。一件成片、图文成片、拍摄、录屏、创作脚本、提词器等都可以说是专为短视频创作而设计。一键成片功能，将拍摄好的视频上传后，只需要挑选自己喜欢的模板，就会自动合成一个视频。剪同款功能，抖音上热度高的模板这里可以同步，实现一键剪同款。另外，剪映还支持录屏、拍摄、创作脚本功能，可以直接在软件中创作素材。输出分辨率可达1080P。制作视频可一键发布到抖音旗下的平台，如抖音、西瓜视频。剪映App界面如图8-19所示。

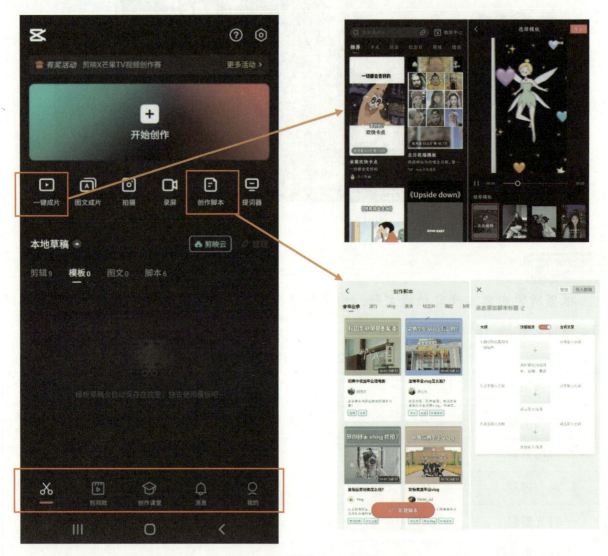

图8-19 剪映App界面

2.计算机端剪映

计算机端剪映与手机端剪映功能相似，素材库与手机端的区别是内容更加丰富。计算机端剪映的编辑界面与时间轴视野更加开阔，可做更加细致的编辑剪辑工作。其操作界面如图8-20所示。

图 8-20　计算机端剪映操作界面

3. Adobe Premiere

Premiere 是美国 Adobe 公司出品的一款视频编辑软件，具备多轨道剪辑、特效和音频处理、色彩调制及字幕添加等功能，能够制作出优质的短视频作品。

Premiere 提供了采集、剪辑、调色、美化音频、字幕添加、输出、DVD 刻录的一整套流程。较剪映而言可以说是专业化的视频编辑软件。用其剪辑制作的作品也不仅仅服务于短视频领域，可以有更强的兼容性和更多的输出方式。例如，可以与 Adobe 公司出品的其他图形图像、视频软件兼容，如 Adobe Photoshop、Adobe illustrator、Adobe After Effects 等。尤其 AE（After Effects），是 Premiere 的兄弟产品，两款软件是一套动态图形的设计工具和特效合成软件。Premiere Pro CC 操作界面如图 8-21 所示。

图 8-21　Premiere Pro CC 操作界面

Premiere 的功能随着版本的升级日益强大。但随着版本的升级，对计算机的硬件与软件环境都有一定的要求。Premiere Pro 2020 是目前较新的版本，其系统要求的最低配置标准为：

（1）处理器。

英特尔®第 6 代或更高版本的 CPU 或等同于 AMD；

英特尔®第 7 代或更高版本的 CPU 或等同于 AMD。

操作系统：

Microsoft Windows 10（64 位）版本 1803 或更高版本；

Microsoft Windows 10（64 位）版本 1809 或更高版本。

（2）内存。

8 GB RAM；

16 GB RAM 用于高清媒体；

4 GB 或更高介质为 32 GB。

（3）显卡。

2 GB 的 GPU VRAM，有关推荐的图形卡的列表，请参阅 Adobe Premiere Pro 推荐的图形卡。

4 GB 的 GPU VRAM，有关推荐的图形卡的列表，请参阅 Adobe Premiere Pro 推荐的图形卡。

（4）硬盘空间。

8 GB 的可用硬盘空间用于安装；安装过程中需要额外的可用空间（不会安装在可移动闪存中）和额外的媒体高速驱动器，快速内部 SSD 用于应用程序安装和缓存媒体的其他高速驱动器。

显示器分辨率：

1280×800、1920×1080 或更高声卡兼容 ASIO 或 Microsoft Windows 驱动程序模型，兼容 ASIO 或 Microsoft Windows 驱动程序模型网络存储连接，1 个千兆以太网（仅高清）。10 GB 以太网用于 4K 共享网络工作流程。

任务2　短视频运营

案例导入

　　脑洞片《〈小龙虾奇遇记〉漂流攀岩搭车跳伞，你知道它这一路上有多努力吗？》荣获了金秒奖"最佳商业短视频奖"。

　　视频里的这只小龙虾可是成了精，会漂流、会攀岩、会搭车、会跳伞……可以说是有史以来最努力的小龙虾了。小龙虾的出场镜头，芦苇荡、碧水、蓝天、和风……探出头来美美地晒个太阳，舒服。突然，它开始在湖底疾行，像是要去什么地方，如图8-22所示。

图 8-22　小龙虾去哪儿

　　带上背包，抹好发胶，打扮成大人的模样，这是要赶去上班？爬坡上坎，翻山越岭，可把小家伙累坏了。皮划艇，我们走！它向小宝宝打招呼，刚举起手，小宝宝居然被吓哭了，人家只想要你手中的气球呀。可能是觉得用走太累，小龙虾决定打个飞的，去和太阳肩并肩。安全落地，广告现身——一家以小龙虾为特色的餐饮店。接下来就有点儿虐心了，小龙虾经历了一段画风唯美的烹煮后，被摆进了餐盘，如图8-23所示。

图 8-23　小龙虾真好吃

任务描述

拍摄商业短视频与非商业短视频应该有哪些不同呢,你首先应该考虑:

(1)视频构思时应该多考虑商业内容的巧妙添加?

(2)拍摄好的商业短视频就会获得相应的效果吗?

(3)短视频运营是在做什么工作呢?

商业短视频要发挥其商业作用,不仅仅是策划、拍摄,要进入整体运营,才可以真正体现商业价值。对短视频的平台、运营目标等进行综合优化,相互配合才能够产生更高的商业价值。

任务准备

运营是一个复杂的过程,过程中通过互联网产品或服务连接用户、满足用户、维系用户、服务用户、成就用户。用户是运营的中心,用户需求是运营的出发点,用户价值是运营的落脚点。短视频运营中用户即是粉丝、流量、互动、变现的根本,如图8-24所示。

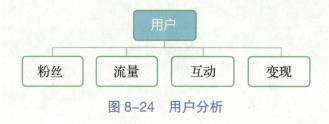

图8-24 用户分析

1. 认识短视频运营

短视频运营是一种全新的职业技能,它主要是指利用诸如抖音、快手等短视频平台或利用微信、微博、知乎等综合型平台的短视频功能,来辅助完成企业流程各个环节的运营工作,以便能够更好地达成运营目标。

(1)短视频运营的分类。

短视频运营有很多的工作内容,虽然最终的目标都是一样的,但是短视频投放的平台、制作流程、层次、目标等都需要具体的运营人员去研究规则、控制相应的生产制作流程以获得高回报。短视频运营的分类如表8-3所示。

表8-3 短视频运营的分类

短视频运营分类	运营内容
按平台分类	短视频平台:抖音运营、快手运营、西瓜运营、火山运营等;其他平台的短视频功能:微博短视频运营、微信视频号运营、B站短视频运营、知乎短视频运营等

续表

短视频运营分类	运营内容
按流程分类	短视频策划运营、生产运营、分发运营、互动运营、营销运营、流量运营等
按层次分类	短视频的账号运营、内容运营、矩阵运营、公司运营、生态运营等
按目标分类	短视频的涨粉运营、拉新运营、转化运营、私域流量运营、带货运营、变现运营等

（2）短视频运营的主要目标。

短视频所有的策划、拍摄、剪辑都是为了短视频运营的目标，即流量增长、粉丝增长、广告曝光、带货销售、商业变现、黏住用户，具体如表8-4所示。

表8-4　短视频运营的主要目标

序号	目标	具体内容	举例
1	流量增长	提升点击量、阅读量、点赞量、转发量、评论量、完播率等	"抖加"推广加热某条短视频
2	粉丝增长	从0到1，从100到100万，增加粉丝的绝对数量和活跃粉丝的相对数量	借助相关插件实现粉丝的裂变式增长
3	广告曝光	植入客户的品牌广告或效果广告，提升广告的曝光度和品牌的知名度	旅游类KOL为汽车品牌量身定制短视频
4	带货销售	短视频和直播内容中直接嵌入带货商品的链接，引导用户点击下单	短视频内容中的同款商品或橱窗功能
5	商业变现	提升短视频账号或企业的多元化经营收入和利润，实现效益的稳步增长	知识付费，版权售卖，周边开发等
6	黏住用户	为用户提供更加丰富的价值和服务，提升用户的体验和黏着度，增加活跃度	组织线上线下社群活动等

2.分析短视频运营案例

短视频可以由独立个体运营，也可以是企业营销策划矩阵中的一个布局。帆书（原樊登读书）在短视频运营布局中是比较成功的。企业发展跟上了时代的步伐，短视频号的矩阵可以说为帆书的宣传与变现做出了巨大的贡献。

帆书（原樊登读书）运营案例

在信息冗余时代，人们阅读精力有限的现实情况下，如何快速获取有价值的知识、信息，已经成为数字化时代人类的新痛点。帆书于2013年10月成立，以"帮助3亿书友因阅读受益"为使命，旨在解决国民阅读愿望和阅读能力不匹配的问题。

通过爆款视频来涨粉

在抖音文字特效最火的时候，帆书尝试了音频+文字特效，它的第一条获得较高关注度的视频是关于爱情的主题，视频内容是：你的配偶大概率在你三个街区之内。这条视频的核心逻辑成了现在爆款视频的标配："生活中常见内容的新解释"，该视频获得了一定的关注度。

帆书在抖音第一个短视频的内容来自樊登线下课程"可复制的领导力"的现场剪辑。几百万的播放量奠定了帆书在抖音上的发展潜力。

帆书的账号矩阵

如图8-25所示，截至2020年2月，帆书在抖音平台认证的账号有103个，累计粉丝超过1亿人。易观千帆数据显示，帆书的用户群体主要是"80后"以及"90后"人群。

(a)

(b)

图8-25 帆书的账号矩阵
(a)示意一；(b)示意二

多元化变现

帆书的变现途径和渠道是多元化的，首先是内容付费变现。帆书拥有近 200 万付费会员，600 个线下社群，300 个城市分会。其变现方式包括会员卡、积分商城、在线课程及训练营等途径。其次是植入广告变现。帆书的广告植入非常自然，主要以推销书籍为主，搭配作者、名人的访谈，广告内容与账号定位、风格极其相符，容易被用户接受，不会因为广告生硬而引起用户的厌恶情绪。

任务实施

拍摄一条短视频并发布，记录三天数据，并分析状况，提出改善措施，完成表 8-5 的填写。

表 8-5 短视频运营分析

播放量	第一天	第二天	第三天
点赞数			
完播率			
观看男女比例			
应对措施			

项目评价

请将评价填入表8-6中，达标画"√"，未达标画"×"。

表8-6　学习自评

序号	自评知识点	佐证	达标	未达标
1	短视频发展历程	发展的五个时期		
2	短视频分类的层级	三个层级		
3	短视频团队构成	5~7人及相关职责		
4	短视频脚本分类	三种分类		
5	短视频运营有几种分类	四种分类		
序号	自评技能点	佐证	达标	未达标
6	短视频拍摄的器材	拍摄器材与辅助器材		
7	Premiere Pro CC 的操作环境	软件及硬件的要求		
8	运营需要关注的数据	六种数据		
9	拍摄场景搭建	室内与室外的区别		
序号	自评素质点	佐证	达标	未达标
10	创新意识	能够结合市场变化不断创新运营方式		
11	职业道德	遵守新媒体运营从业人员职业道德		
12	遵纪守法	遵纪守法，诚信经营		

思考练习

一、简答题

1. 短视频有哪些类型？
2. 短视频运营的目标有哪些？

二、实训题

1. 尝试制作短视频；
2. 录制一段时长为15秒左右的视频，竖屏横屏不限；
3. 录制同时进行内容讲解（如我现在正在什么地方拍摄什么样的内容）；
4. 使用剪映App编辑视频，为视频加字幕；
5. 为视频添加配乐。

项目 9 直播运营

在 5G 时代,直播是互联网生态的重要组成部分。直播能瞬间吸引大批人群围观从而达到一种全面信息传递的作用,越来越多的企业通过直播获取公域流量并赢取更高销量。直播为很多企业创造了销量神话,同时也为企业带来了更多的用户。所有的企业、商家和个人都可以用直播的方式对外传送信息,包括企业信息、商家信息、产品信息等。那么我们应该如何做好直播运营呢?本项目将介绍各大直播平台的规则,让同学们能够根据直播主题策划直播内容,并对直播数据进行分析。

学习目标

【素质目标】

1. 树立创新意识、创新精神,能够创新直播运营思维;
2. 具备正确的价值观,服务社会,开展积极向上的直播运营活动;
3. 践行社会主义核心价值观,树立精益求精、甘于奉献的工匠精神;
4. 养成诚实守信、遵纪守法的习惯,合法合规地从事直播运营活动。

【知识目标】

1. 理解直播运营的概念;
2. 理解直播运营的含义;
3. 了解各种直播平台;
4. 明确直播内容的策划要求。

【技能目标】

1. 能够确定直播主题;
2. 能够制作直播内容;
3. 能够分析直播数据。

任务1 认识直播运营

案例导入

实习生招聘 | 直播平台运营

【岗位职责】
1. 可进行直播带货的内容运营；
2. 维护直播间粉丝，懂得带动直播间的氛围；
3. 可独立完成直播间的建设；
4. 有成熟的直播方法论，及时分析直播间数据并给出修改意见。

【任职要求】
1. 大专及以上学历，传媒、广告、电子商务、市场营销等专业的优先；
2. 熟悉各大平台直播规则的优先；
3. 有直播经验的或者做过信息优化师的优先；
4. 懂得投流数据分析的优先。

工作地点：济南

表现优异可提供转正机会！

任务描述

看到这则招聘启事，你心中是不是有很多疑问。到底什么是直播运营？直播平台有哪些？本任务中，我们将探究直播运营的具体内容，进而对直播有全方位的认知。

任务准备

1. 初识直播

在传统媒体时代，就已经有基于电视或广播的现场直播形式，如晚会直播、访谈直播、体育比赛直播、新闻直播等。那时对直播的定义是：与广播电视节目的后期合成、播出同时进行的播出方式。

在互联网时代，随着智能手机的普及和移动互联网网速的提升，直播的概念有了新的延展，越来越多基于互联网的直播形式开始出现。自此以后，直播的含义，更倾向于"网络直播"。

网络直播，也叫互联网直播，是指用户在计算机端或移动端使用直播软件，通过摄像头等设备对事物、事件或场景进行实时记录，并在直播平台实时呈现；同时，其他用户可以在直播平台直接观看并可以进行实时互动。

相对于过去静态的图文内容，如今的直播主要以视频的形式向用户传递信息，表现形式也更加立体化，且能实现实时互动，因此更容易吸引用户的注意力，继而得到了蓬勃的发展。

2. 直播的发展历程

直播的发展历程，从某种程度上看，也是直播营销价值的发掘过程。从这个角度看，直播的发展历程共分为四个阶段，如图9-1所示。

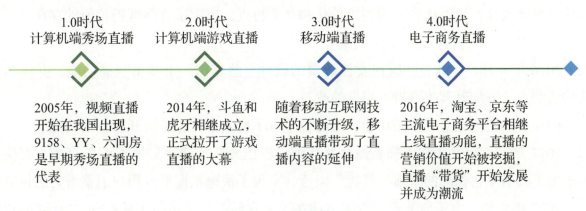

图9-1 直播发展历程

（1）直播1.0时代：计算机端秀场直播。

网络速度和硬件水平是影响互联网直播发展的主要因素。受这两个因素的制约，最初的互联网直播，并不能支持用户同时打开多款软件进行"一边玩游戏，一边直播"或"一边看体育比赛，一边解说"等操作，仅支持用户利用计算机端网页或客户端观看秀场直播。秀场是公众展示自己能力的互联网空间，从2005年开始在我国兴起。

（2）直播2.0时代：计算机端游戏直播。

随着计算机硬件的发展，用户可以打开计算机进行多线操作。与此同时，一系列游戏直播平台开始出现。

2008年，主打语音直播的YY语音面世，并受到游戏玩家的推崇。

2011年，美国Twitch.TV独立成为首家游戏直播平台，主打游戏直播及互动。随后，YY游戏直播于2013年上线，斗鱼直播于2014年上线，我国计算机端游戏直播平台初具规模。

在游戏直播发展的初期，很多主播在自己的直播间推销鼠标、键盘、摄像头等计算机外设。这种"直播+推销"的模式，既是当时主播创收的重要来源，也是直播商业化的早期形式。

（3）直播3.0时代：移动端直播。

随着智能手机硬件的不断升级，移动互联网逐步提速降费，用户进入全民移动端直播时代，与之对应的是大批移动端直播网站的火爆。

2015年，映客、熊猫、花椒等纷纷布局移动端直播市场，相关直播创业公司也顺势成立。

2016年，移动端直播市场迎来了真正的爆发期。

2017年，经过一年多的行业洗牌，市场上知名度较高的移动端直播平台仅剩数十家。

在这一阶段，直播的商业变现功能依然处于探索阶段。但直播所拥有的流量、社交属性、媒体属性，以及内容展现的场景化和互动特点，决定了直播营销价值的存在。

（4）直播4.0时代：电子商务直播。

2016年5月，一款专注时尚女性消费的软件"蘑菇街"上线了直播功能，并成为其新的营利点，并使其营收取得了明显的改观。

同年，淘宝正式上线直播功能，随后各个电子商务平台也纷纷开启直播功能。

2017年，淘宝直播和天猫直播合并，阿里巴巴开始加速布局电子商务直播，而快手也推出了具有平台保障的直播"带货"渠道，实现了快速挖掘平台用户消费潜力的目的。

2020年年初，电子商务直播再次出现在了大众面前。同年的7月6日，"互联网营销师"正式成为国家认证的职业，为"带货"主播提供了职业化发展的道路，同时也为电子商务"带货"的市场化和规范化增设了一层保障，使电子商务直播获得了更好的发展。

3. 直播的营销价值

近两年直播的火爆，主要原因在于其营销价值的充分挖掘。直播的营销价值，主要体现在"人、货、场"三要素的有效重构，以及直播具备的独特营销优势。

营销的本质是连接商品和用户，而连接方式就是构建消费场景。商品简称为"货"，用户即"人"，场景是"场"。这三者构成了直播营销的三要素。

（1）"人"——主播。

直播电子商务中新增了主播的角色，主播是连接商品和消费者的桥梁。直播模式下，消费者的购买习惯由传统电子商务中的主动搜索转变为接受主播的推荐。主播在很大程度上影响着消费者的购买决策。

（2）"货"——商品和供应链。

在直播带货中，好的商品还需配备具有竞争力的供应链。货源丰富、货源对接效率高能够提升消费者的购物体验。

（3）"场"——直播场景。

直播场景充分体现了直播的优势，解决了线上导购无参与感、不具象化的问题，消费者通过主播对商品的全方位展示和详细介绍，能够对商品进行直观的了解，并且通过与主播的互动，可以有针对性地了解商品的功能和特点，满足自身的个性化需求，提升购物体验。

4. 了解直播平台

2016年4月，腾讯直播、小米直播悄然上线；

2016年5月初，手机淘宝正式推出淘宝直播平台；

2016年5月13日，新浪微博宣布携手秒拍推出移动直播应用——直播；

2017年，皇后直播、蜻蜓社区等热门直播平台纷纷问世……

各大行业巨头都在布局直播行业，搭建直播平台。通过对直播用户的分析，目前市场上常见的直播类型主要有以下几种。

（1）娱乐类直播平台。

娱乐类直播平台是直播行业中发展较早的平台类型，其入驻门槛低、用户流量大，主播数量较多。娱乐类直播平台的直播内容比较丰富，平台主播主要通过流量变现和粉丝"打赏"等实现营利。平台各具特色，增长迅速。据《中国网络表演（直播与短视频）行业发展报告（2022-2023）》披露，2022年我国网络表演行业（直播与短视频）整体市场营收达1992.34亿元（不含线上营销广告业务），较同比增长8%。图9-2是某平台线上音乐节直播海报。

图9-2 线上音乐节直播海报

（2）游戏类直播平台。

游戏类直播平台（图9-3）是以游戏实时直播为主要内容的平台类型，全球电竞业的发展促进了游戏直播行业的发展，游戏直播成为直播产业中不可忽视的力量。游戏类直播趣味性强，颇受游戏爱好者的追捧。主播收入来源包括游戏推广分成、电商变现、商品代言及用户"打赏"等。

图 9-3 游戏类直播平台

（3）电子商务类直播平台。

电子商务类直播平台（图 9-4）是指推出直播业务的传统电子商务平台，电子商务类直播平台可以实现商家边直播边销售、消费者边观看边购买的营销目的。电子商务类直播平台具有较强的营销性质，消费者在平台上观看直播的目的十分明确，这使得传统的电子商务平台开展直播带货具有先天优势，如淘宝直播、京东直播、拼多多直播等。

（a） （b）

图 9-4 电子商务类直播平台

（a）淘宝直播；（b）京东直播

（4）短视频类直播平台。

短视频平台（图9-5）主要以输出短视频为主，很多短视频平台适时推出了直播业务。短视频类直播平台的主播可以在直播间添加商品链接，引导用户点击链接，跳转至电子商务平台购买商品，如抖音、快手……

图9-5 短视频类直播平台

（5）教育类直播平台。

传统的在线教育平台（图9-6）以语音、PPT或视频录播的形式与用户分享知识。教育类直播平台支持以文字、语音等方式进行师生的实时互动，在直播过程中，教师可以随时关注讨论区中的学员留言，并适时做出集中回答，提升互动性，使师生沟通更加便捷。

图9-6 教育类直播平台

任务实施

活动：选择直播平台的技巧

个人或企业可以根据自身条件和资源选择合适的直播平台，也可以在跨类型或同类型中，通过对比进一步选择适合自身的直播平台。下面以抖音平台为例，从用户属性、用户兴趣偏好、平台的营销优势三个角度出发，先分析，再选择。

1. 用户属性

在城市分布上，抖音直播用户主要集中在三线及以上城市，其中三四线城市的用户人数最多。在年龄与性别结构上，抖音直播的用户群体年龄主要是24~40岁，以"80后"和"90后"用户为主。在性别结构上，男性用户比例高于女性用户比例。从抖音直播用户活跃时间分布上来看，8：00—22：00用户活跃度更高，晚高峰为20：00。周末一般在9：00—17：00用户更活跃，工作日一般在19：00—23：00用户更活跃。

2. 用户兴趣偏好

在抖音做直播运营，运营者需要借助优质的短视频内容吸引用户关注，因而也需要了解抖音用户的兴趣偏好。

男性用户对游戏、汽车等内容偏好度较高，女性用户对美妆、母婴、穿搭等内容偏好度较高。

"00后"用户对游戏、电子商品、时尚穿搭类直播内容偏好度较高；"90后"用户对影视、母婴、美食类直播内容偏好度较高；"80后"用户对汽车、母婴、美食类直播内容偏好度较高。

3. 平台的营销优势

抖音直播平台具有以下三个营销优势。

（1）潜在用户多。抖音凭借内容分发机制优势和优质的短视频内容，成为短视频用户最常用的软件之一，在各个年龄段、性别及地区都拥有大量的忠实用户群体，用户使用时长也在不断增加。这意味着，在抖音平台进行直播营销，将获得更多的潜在流量。

（2）能够精准投放。抖音直播平台能够利用用户画像分析用户的兴趣爱好，进行有针对性的推送，减少对不相关用户的干扰，找到精准用户。

（3）直播运营计费灵活，店铺投入成本低。抖音平台上的直播运营计费方式灵活。在抖音平台上进行直播营销，只需开通橱窗，就可以在直播间添加购物车，不需要在开设店铺上投入大额资金。

【练一练】

根据所给抖音平台案例分析，寻找其他平台相关维度数据与信息，通过信息对比选择适合自己的直播平台，完成表9-1直播平台信息对比的填写。

表9-1 直播平台信息对比

分析维度	淘宝直播	快手直播	抖音直播
平台类型			
平台调性			
用户规模			
用户属性			
流量来源			
商品供应链			
带货商品属性			
带货主播属性			
适合的主播人群			

任务2 直播筹备与实施

案例导入

2022年6月,新东方旗下直播间"东方甄选"因"双语直播""富有文化气息"而被投资者、网友以及直播业内各方津津乐道。

短短10天之内,抖音粉丝从100万出头涨至1000万,单日带货成交量也从百万级别跃升至千万级别,带动新东方在线及其所在的教育板块大涨。

受此影响,不少人纷纷开始改变态度,因新东方的火爆闻风而动。从不看好教育板块到"定投"新东方,从逃离新东方到主动应聘,各品牌方为求登上新东方直播间开始"内卷",甚至一部分同行主播也模仿这一模式以吸引用户。

东方甄选直播间瞬间火爆的原因跟直播平台的选择有关系吗?认真思考一下,如果让你现在打造一个卖货直播间,你应该如何入手?具体到实际工作中我们应该做些什么呢?需要多少人来做这些工作?如何分工与协作?

任务准备

1. 直播账号建立

首先我们应该在平台中建立账号。在各类平台中账号有很多类型和层级。不同的账号,相应的权重不同,也就能做不同的事情。以抖音为例,可以从表9-2中看出个人账号与企业账号的区别。

表9-2 个人账号与企业账号的区别

抖音个人账号	抖音企业账号
一个手机号注册一个账号	一个企业可以注册两个账号
不能自定义账号头像	可以自定义账号头像
没有	蓝V
无法设置链接	账号昵称下可以添加自定义链接(如公司网站主页)
不支持数据分析打印报告	可将发布作品的播放量、关注量、转发量等信息进行统计,并生成报告

虽然企业账号有各种优势，但企业账号也并非开启直播的必然。可以根据发展与直播的状况不断开启各种权限。个人账号同样可以开启直播，进行互动、带货。

2. 直播账号矩阵

（1）基于团队组成人员构建账号矩阵。

根据个人或企业的团队组成人员的不同个人形象建立不同的账号，输出不同的内容，构建账号矩阵。账号之间可以通过评论区的相互点赞、评论以及文案（如账号简介）来关联其他账号，如图 9-7 所示。

图 9-7　基于团队组成人员构建账号矩阵

（2）基于不同商品线构建账号矩阵。

基于不同商品线构建账号矩阵可以实现个人或企业精准用户的分流导入。对于商品线丰富的企业，可以依据商品线快速搭建账号矩阵，以精准的账号定位将粉丝引入不同直播间，从而满足粉丝不同的购买需求，如图 9-8 所示。

图 9-8　基于不同商品线构建账号矩阵

（3）基于线下门店构建账号矩阵。

很多企业在线下都拥有数量众多的实体店，基于这些线下门店（图9-9）也可以构建账号矩阵，从而将品牌自播常态化。

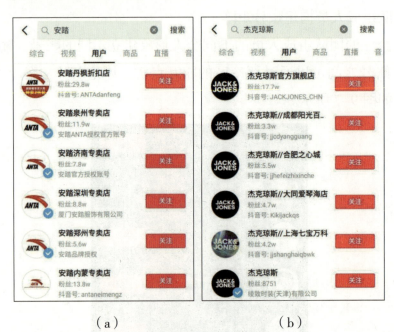

(a)   (b)

图9-9 基于线下门店构建账号矩阵

（a）示意一；（b）示意二

3. 直播团队的分工与职责

专业的直播营销团队，需要根据直播营销的流程搭建团队。现在比较科学的直播营销的流程如图9-10所示。

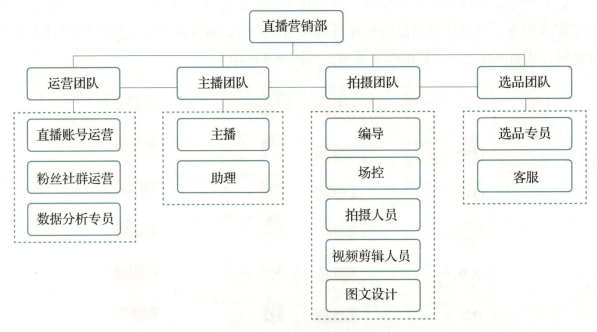

图9-10 直播营销的流程

（1）直播前：运营团队需要做好直播账号定位、账号的前期维护及账号粉丝运营；选品团队选择合适的商品及制定促销策略；主播团队尽可能熟悉直播中所要销售的商品，策划及撰写直播脚本，设计直播话术等。

（2）直播中：拍摄团队布置直播间、负责直播内容拍摄；主播团队进行现场直播，负责直播间的用户关注引导、促销活动引导、介绍商品、展示商品、直播间气氛营造、解答用户疑问等。

（3）直播后：拍摄团队负责保管拍摄设备；运营团队负责统计直播销售数据并开展数据分析；选品团队对接直播商品售后服务等。

【议一议】

刚刚进入直播行业的新人主播，可能并没有足够的物力、财力组建团队。此时，最简单的方式是入驻抖音、快手、视频号等短视频平台，通过定期发布短视频和定期直播的方式正式进入直播行业。

任务实施

活动一：进入直播平台秀出自我

每个人都可以在直播平台开播，秀出自己的独特优势。

例如，如果主播口才出众，可以尝试"脱口秀"；如果主播观点犀利，可以尝试"热点评论"；如果主播喜欢吃喝玩乐，可以展示自己吃喝玩乐的过程并分享不错的吃喝玩乐地点；如果主播喜欢学习，可以推荐图书、课程或进行阅读分享等。

主播的商业价值在某种程度上可以理解为"粉丝经济"，如影视"明星"一样。这意味着，主播也需要像明星一样拥有话题热度。那么，如何为自己营造话题呢？

主播借助身边的一些热点事件和热门人物，将之与自身特色相结合，在短视频或直播中谈及热点话题，并通过营销手段进行扩散传播，从而引起更多的关注。

但需注意在这个过程中，主播发表的言论观点一定要符合主流价值观，谈及个人观点时要有理有据，不然容易引人非议，得不偿失。

由于只有主播一个人，其知识体系是有限的，直播风格往往也较单一，时间久了，难免会引起用户的视觉疲劳。

因此，主播可以考虑在多平台开播，如微博、微信公众号等。不同的平台有不同的用户群体，借助不同的平台，吸引更多的用户，用更多的连接和互动，增强用户的黏性。

例如，主播可在个人微信公众号中定期发布一些自己撰写的关于自身生活、直播内容方面的文章，增强现有粉丝的黏性；也可以通过微信公众号内的互动话题了解其他用户的需求，了解用户想看什么内容，不想看什么内容，从而做出更符合用户需求的直播内容。

活动二：探究直播脚本策划

1. 直播脚本撰写与实施

电影脚本（电影剧本）是大家所熟知的，是电影拍摄的蓝本。淘宝直播脚本却让人觉得陌生。直播和电影、电视剧区别是很大的。

脚本是使用特定的描述性语言，依据规定的格式编写的可执行文件。而直播脚本，是一项计划和规划，可按照直播内容进行规划。脚本的设计需要从粉丝需求出发。脚本就是内容大纲，也是策划每次直播的中心内容，主播的内容都会围绕这个大纲来展开。

直播活动的脚本方案，俗称"直播脚本"，可以理解为直播内容的策划方案，是直播团队通过结构化、规范化及流程化的说明，为主播在直播间的内容输出提供线索指引，以确保直播过程的顺利进行及直播内容的输出质量。下面以单品直播脚本为例，围绕商品来撰写脚本，其核心是突出商品卖点，具体如表9-3所示。

表9-3 直播脚本要素内容说明

直播脚本要素	内容说明
直播时间	明确直播开始到结束的时间，如 2022/5/26（15:00—19:00）
直播地点	××直播室
直播主题	明确直播主题，使粉丝了解直播信息，如"××品牌秋装新品上市特卖汇""××文具旗舰店开学大乐购"
商品数量	注明商品的数量
主播介绍	介绍主播的名字、性别、个性特征
人员分工	明确直播参与人员的职责，如主播负责讲解商品、演示商品功能、引导粉丝关注、下单等；助理负责协助主播与粉丝互动、回复粉丝问题等；场控/客服负责商品上下架、修改商品价格、发货与售后等
预告文案	撰写直播预告文案，如"时尚秋装上新，锁定××直播间，××特卖汇等您来选购"
注意事项	说明直播的注意事项，如①丰富互动玩法，提高粉丝活跃度，提升粉丝数量；②直播讲解节奏：单品讲解+回复粉丝问题+互动；直播讲解占比：商品讲解60%+回复粉丝问题30%+互动10%；③不同的商品契合不同的应用场景；④多讲解××系列新品
直播流程	直播流程应规划详细的时间节点，并说明开场预热、商品讲解、粉丝互动、结束预告等时间节点的具体内容

【练一练】

某知名服装A企业即将开展一场品牌自播活动，该企业计划在较为安静且隔声性好的负一楼会议室进行直播。为此，企业专门成立了直播小组，并在小组中选择了四名人员分别担任主播（模特）、助播（模特）、场控和客服。直播时间定于3月12日20：00—22：00。结合本任务所学知识，为该企业的新品推广编写直播活动脚本。直播整体流程如表9-4所示。

表9-4 直播整体流程

直播脚本要素	A企业即将开展一场品牌自播活动
直播时间	2022/3/12 20：00—22：00
直播地点	负一楼会议室
直播主题	"A企业品牌自播特卖会"
商品数量	6套套装，5件上衣，4件裤子；库存各1000件
主播介绍	介绍主播的名字、性别、个性特征
人员分工	四名人员分别担任主播（模特）、助播（模特）、场控和客服
直播流程	直播流程应规划详细的时间节点，并说明开场预热、商品讲解、粉丝互动、结束预告等时间节点的具体内容
7：40前	主播、客服助理、货品全部就位
7：55	开播，灯光调试，主播进入状态，气氛
20：00	正式开播，介绍账号，介绍活动
20：00—20：15	预热开场环节：产品展示，孤品截图下单，预告抽奖
20：15—20：20	截图抽奖环节（每15分钟循环一次） 发红包环节（每15分钟循环一次） 秒杀环节（每15分钟循环一次）
20：20—20：25	正品出售环节
20：25—20：50	产品介绍环节
30分钟一个循环	20：50，21：20，21：50
21：50—22：00	退场环节，告知下一场直播时间、感谢粉丝，反复几遍话术

2. 各环节话术参照

（1）预热话术。

直播话术："欢迎来到直播间的宝宝们，喜欢主播的可以上方点一下关注，点点小红心。"

"咱们一会儿有大福利送给大家。咱们家是做品牌折扣的衣服，商场几百元的衣服，在咱这里只要几十元，那今晚来到直播间的各位宝宝，福利更大。"

"咱们今晚全场购物送太阳镜，商场正品质量超级好，白菜价，这么超值了，质量超好版型超正，今天真是买到就是赚到了，所以大家下手一定要快，看上的一定要赶快下手，因为这是品牌折扣，都是孤品，所以手慢就没了。"

"今天买一件上衣就相当于买了一整身，都是专柜正品孤品，所以大家看上了一定不要犹豫，一犹豫就被别人抢走了，把握好机会。（在试衣服展示衣服的过程中记得给大家截图的时间）大家看上了就截图啊，截完直接找咱们家的客服宝宝下单就可以了，好，现在开始我数1、2、3宝宝们就开始截图哦，1—2—3（声音可以拖得长一点）喜欢的赶紧截图下单哦。"

另外，每半个小时可以来一波抽奖、红包、秒杀的活动。

"跟你们说你们来到我的直播间真是超值了，不仅有好看低价的大牌衣服，还有红包可以领，另外看看我手里的衣服，都是要抽奖赠送给大家的，商场卖368元的棉麻T恤，分享到朋友圈即有机会得到，还有半小时一轮的秒杀活动，质量真是超级好，真是物超所值。好了，话不多说，接下来咱们先给大家活动走一波……"

（2）截图抽奖话术。

"大家看到我手里的衣服了吗，棉麻针织T恤质量超级好，商场专柜正品零售价是368元，今晚宝宝们分享到朋友圈或微信群，我数1、2、3客服宝宝截图，如果你是在本页第一个的话，我将把我手里的这件棉麻T恤免费包邮送给大家。"

"大家看有三种颜色，码数也齐全，这个衣服只赠不卖，赠就赠最好的，所以很珍贵的。好了不多说了，大家分享到朋友圈，咱们就开始截图了，如果你想得到就赶紧分享吧，我数1、2、3停，客服宝宝截图，谁是屏幕上的第一个就赶紧联系客服宝宝发电话地址，这件就免费包邮到你家了，超值。"

（3）发红包话术。

"欢迎同城的宝宝们，进来的就不要走了，点点关注，咱家品牌衣服白菜价，今晚红包免费送等有超级大的福利。"（重复说说直播间账号和本场活动秒杀）

（4）秒杀话术。

"抽奖的没过瘾的，咱们再来一轮秒杀，手里的这些衣服质量特别好，咱们一次只过十件，全部都是9.9元，但都是孤品，有喜欢的宝宝就赶紧下单！"

（5）正品出售话术。

"好了开始给大家秒杀，先看我手上拿的这条牛仔短裤，质量超级好版型超级正，还很时尚——破洞的，在商场卖200元以上，批发进货要70元，那么今晚只要下单的宝宝们就给你赠一条短裤，你买一件相当于买到了一身，非常的超值有没有，今晚咱们粉丝超多，直播活动力度非常大，所以看上的宝宝和自己身材合适的就赶紧下单，都是商场专柜正品，是孤品，只有一件，手慢了就没有了，大家一定要把握这个机会。"

（6）产品介绍话术。

话术要点：突出货源优势、突出独特卖点、突出使用场景。

讲解衣服时要讲材质、款式、××同款、什么时候穿。重点是渠道价格优势。

产品介绍环节持续时间（每件）10~15分钟。

产品介绍环节话术："先看我手上拿的这条牛仔短裤，质量超级好版型超级正，还很时尚——破洞的，在商场卖200元以上，很多淘宝店从我们家拿货，大家可以去看×××店（找一家同款高价店名）最少都是卖139元，我们批发的是一手货源，今晚特价79元，今晚只要下单这条牛仔裤的宝宝们就给你赠一件打底衫，等于你买一件相当于买到了一身，非常的超值有没有，还有全场通赠的太阳镜一副，让你从头到脚靓起来！"

（7）促单转化话术。

话术要点：突出紧迫感、限量感、危机感，如不拍后悔3年。

"宝宝们注意啦，线上抢购的人太多，咱们以付款的时间为主，大家看中了抓紧时间下单哈！"

"商品数量有限，活动力度也大，如果看中了一定要及时下单，不然等会儿就抢不到啦！"

"库存不多了，只有5分钟的秒杀优惠，喜欢的朋友们赶紧下单哈！"

（8）退场话术。

退场时间21：50—22：00，告知下一场直播时间并感谢粉丝的支持，重复几遍话术。

"感谢所有进直播间的朋友，陪伴是最长情的告白，你们的爱意我收到了。明天我会给大家带来××搭配技巧，×点准时直播，不要错过哦！"（给下次直播做铺垫）

任务3　直播营销策划

2021年7月21日晚，鸿星尔克在官方微博宣布，其通过郑州慈善总会、壹基金紧急捐赠价值5000万元的物资，驰援河南灾区。而在7月22日，该直播间的观看人次突破200万，主播多次喊话要"理性消费"。在这一场直播快要结束的时候，鸿星尔克的总裁吴荣照深夜亮相直播间，对网友表示感谢，希望大家能继续关注河南的受灾情况，"和我们一起为河南老乡加油。""还有，我想回应大家把我们鸿星尔克送上热搜这件事，（这）让我感受到大家的热情和温暖，很感动，我们会继续做好产品和服务……最后，我建议大家在这个直播间理性消费。"

7月26日，数据显示，在7月23—24日，鸿星尔克品牌官方旗舰店淘宝直播间销售额突破1.07亿元，总销量达64.5万件，直播间观看人次近3000万，目前直播间粉丝数达1209万，如图9-11所示。

（a）　　　　　　　　　（b）

图9-11　鸿星尔克官方微博和直播间

（a）官方微博；（b）直播间

任务描述

鸿星尔克的成功超出了其预期,甚至还在国内掀起了国货风潮。由此也可以看出,鸿星尔克公司总体营销方案是十分成功的。因此,直播如果没有清晰的策划方案做指导,很可能无法达到预期的营销目的,甚至无法顺利进行。因此,在直播营销活动之前,直播运营团队必须先厘清直播的思路,制定合理的直播策划方案,然后根据这个方案有目的、有针对性地开展直播活动。

任务准备

制定直播方案不仅有助于商家理顺直播思路,还能让参与直播的人员熟悉直播活动的流程。在具体制定任务之初我们应该明确直播方案中的四个主要任务,即目标、思路、人员、时间点与任务。这是直播顺利开展与达到预期的前提。

1. 目标

由于现在人们使用手机的习惯,商家可以快速、直观地进行一场网络直播活动,交互性以及形式也都不错,且直播不受地域限制,现场直播完之后还可以随时为观众提供重播、点播等,有效地延长了时间和空间,但在网络直播策划中有几个点需要注意。

直播方案正文首先需要传达直播目标。根据 SMART 原则,直播目标需要满足五个要素:具体性(Specific)、可衡量性(Measurable)、可实现性(Attainable)、相关性(Relevant)、时限性(Time-bound),如图 9-12 所示。

在直播策划方案中,直播团队需要将直播的营销目标按照 SMART 原则准确地提炼出来,这样才能达到最佳的直播效果。

2. 思路

直播方案正文还需要对直播的整体思路进行简要描述,包括直播目标、直播平台、直播时间、直播主题、直播亮点等。其中,直播主题是直播方案的中心。整场直播的设计都需要围绕直播主题进行拓展。直播主题的策划有三个角度,即根据用户需求来策划、根据时间节点来策划,以及根据电子商务活动来策划。

图 9-12 直播策划的 SMART 原则

3. 人员

除此之外，我们要做好直播间的人员分工，所有人员各司其职，只有这样才能顺利完成直播活动。为了确保直播活动的顺利开展，我们可以先把所有人员分成小组，然后在小组内再划分人员职责，直播团队需要先将与直播相关的工作内容进行分组。例如，"宣传组""道具组""商品组"等。

为了明确直播过程中每个细节的负责人及工作要点，直播团队还需要按照直播流程，对各个工作环节的负责人及其工作内容予以说明。

4. 时间点与任务

直播方案中需要明确体现的时间节点有两部分：直播的整体时间节点和直播中各个环节的时间节点。

第一部分是直播的整体时间节点，包括前期准备、直播现场、直播进行时、直播结束后这四个模块的时间节点，直播团队确定直播的整体时间节点有利于所有参与者对直播的工作有一个整体的印象。

第二部分是直播中各个环节的时间节点，即直播团队需要明确主要环节及每个环节的开始时间和截止时间，防止由于某个环节延期而导致直播的整体延误。

每场直播活动都会涉及预算，整体预算情况、各环节的预算情况，都需要直播团队在直播方案中进行简要描述。一般情况下，一场直播活动可能需要四方面的费用投入，即基础投入费用、现场福利活动费用、前期宣传活动费用、后期宣传活动费用。

任务实施

活动一：直播筹备

1. 直播场地的选择与搭建

（1）直播场地的选择。

以营销为目的的直播场地，一般可以分为室内场地和室外场地。

室内场地，即主播在室内进行直播。直播团队可以在办公室、店铺、住所、会议场地等地方搭建直播间。

室外场地，则是主播在公园、商场、广场、景区、农田等室外场所直接进行直播。

直播团队选择直播场地，有以下两种常用方法。

①根据商品场景选择直播场地。

直播团队进行场地筛选时，要优先选择与商品相关的场景，以拉近与用户之间的距离，加深用户观看直播的印象。

②根据现场人数和直播内容确定直播场地。

直播团队可以根据人数确定直播场地。一般情况下，室内场地的大小为 8~40 平方米。如果是个人主播，那么，可以选择 8~15 平方米的房间作为室内直播场地；如果是直播团队，那么，可以选择 20~40 平方米的房间作为室内直播场地。而对于需要邀请很多嘉宾的大型直播活动，如粉丝见面会、新品发布会、年会直播等，直播团队可以选择面积较大的室内会议场所或室外封闭场地。

（2）直播场地的布置。

直播场地的布置一般指直播间的布置，直播间是一场直播传达视觉形象的重要途径。风格定位与用户需求、商品特点高度契合的直播间，更有助于提升用户对主播及直播间的好感度。直播间的布置主要包括三个要素：①直播间的空间布局；②直播间的背景装饰；③直播间的光线布置。

2. 直播间的空间布局

直播间的空间布局是直播团队按照直播画面的需要进行设定的。在普通的室内直播间，一般出现在直播画面中的有背景墙、主播及助理。其他工作人员和与所推荐的商品不相关的物品一般不会出现在直播画面中。因此，在空间的布局上，一般可以将直播间分为背景区、主播活动区（包含商品展示区）、硬件摆放区及其他工作人员活动区。其中，硬件摆放区包括提示区、摄像机摆放区、监视器摆放区。背景区和主播活动区需要出现在直播画面中，而其他工作人员活动区不会出现在直播画面中。

在主播活动区中，主播要站在最合适的位置——既要出现在直播画面的主要位置，使主播的脸部在直播画面中能够被清晰地呈现；又不能距离摄像头太近，这样可以使直播画面更具层次感和立体感，如图 9-13 所示。

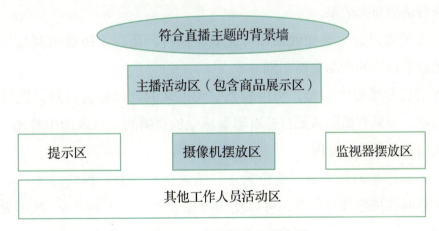

图 9-13　直播间的空间布局

直播间的背景装饰需要符合直播的主题及主播的人设。在此基础上，可以使用以下技巧来装饰直播间。

（1）背景颜色。

如果主播的人设风格是有亲和力的，那么，直播团队可以使用暖色风格的背景墙或窗帘。如果主播的人设风格是成熟稳重的，则直播团队应尽量设置纯色的背景墙。

（2）装饰点缀。

如果直播背景区域比较大，为避免直播间显得过于空旷，可以适当地添加一些小物品来丰富直播背景。

（3）置物架。

如果直播背景墙或窗帘样式不能体现直播主题，直播团队就可以用置物架来调节。

3. 直播间的光线布置

合适的光线能够提升主播的整体形象，从而起到提升商品展示效果的作用，为直播营销锦上添花。

一般情况下，直播间的灯光布置，有以下四个技巧。

（1）布光以软光为主。

软光常会给人细腻、柔和的感觉，直播团队在直播的过程中使用软光，有助于打造直播间温暖、明亮、清新的感觉。

（2）选择冷光源的LED灯为主灯。

直播团队最好选择冷光源的LED灯作为直播间的主灯，冷光会让主播的皮肤看上去更加白皙、透彻。

（3）前置的补光灯和辅灯应选择可调节光源的灯。

直播间前置的补光灯和辅灯应选择可调节光源的灯，且功率要大，这样在直播过程中，主播可以自主调节光源强度，将灯光效果调整到自己最满意的状态。

（4）选择合适的布光效果。

直播间布光的效果分为暖光效果和冷光效果两种，而在主播展示商品的过程中，暖光效果和冷光效果适用的商品有所不同。

暖光的光谱成分接近太阳光，利用暖光呈现出来的物体更为自然，能够给人一种亲切、温暖的感觉。如果直播团队要打造有温馨感觉的直播间，可以使用暖光。图9-14（a）所示为直播间布置暖光的规划图。

通常情况下，冷光的色调都以蓝色为主，给人带来冷静、理性的感觉。如果直播团队需要展示商品的科技感和现代感，可以使用冷光效果。图9-14（b）所示为直播间布置冷光的规划图。

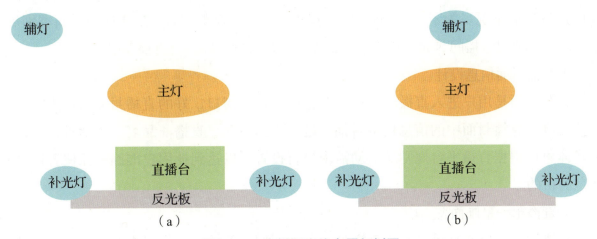

图 9-14　直播间光线布置规划图
（a）布置暖光规划图；（b）布置冷光规划图

总之，直播间的光线布置应该根据直播风格和商品的类型来确定，直播团队应利用光学知识打造直播美学，营造美感。

活动二：直播硬件的配置和软件的调试

好的直播设备是确保直播画面清晰、直播内容稳定生成的前提，在直播筹备阶段，直播团队需要对手机、摄像头等设备，以及直播平台、直播软件进行反复调试，以达到最优状态。

1. 直播硬件的配置

目前，直播的主流设备是手机。直播团队只需要在手机上安装直播软件，通过手机摄像头即可进行直播。使用手机进行直播，需要准备至少两台手机，并且用两台手机同时登录直播账号，以备不时之需。不过，受手机电池电量、网络信号等因素制约，直播团队使用手机进行直播时，还需要借助以下辅助设备进行优化。

（1）电源。

（2）无线网络。

（3）支架。

（4）补光灯。

（5）收音设备。

（6）提词器。

（7）相机。

2. 直播软件的调试

直播团队还需要对直播平台、直播 App 等进行初步设置及反复测试，以免由于操作不熟练或软件自身问题而在直播现场出现失误。

（1）直播平台设置。

未经设置的直播间，用户在进入直播间后可能无法直观地了解直播内容，很容易造成用户流失的情况。为了提升用户的留存率、减少现场跳出率，在选择直播间类别后，直播团队需要对直播间封面、直播第一幕画面进行设置，以满足直播需求。

①直播封面信息设计。

直播封面是用户进入直播间之前了解直播内容的窗口，好的直播封面可以提升直播间关注度。直播封面中的信息包括直播主题、直播时间、直播商品名、主播等，直播团队具体可以根据直播平台规则及活动需求进行设置，以达到让用户准确地抓住直播核心信息的目的。

②直播第一幕画面。

直播团队应保持直播封面与直播第一幕画面的相关性，防止用户看到直播封面进入直播间后发现内容与直播封面不相关而产生心理落差，直播第一幕画面尤为重要，应避免在直播前几分钟总是显示与直播内容无关或不和谐的杂乱画面。

（2）直播 App 的测试。

在直播开始之前，直播团队需要对直播 App 进行反复测试，确保熟练操作，不发生操作失误。

直播 App 的测试主要由两部分组成。

①主播视角：主播应熟悉直播开始、镜头切换、声音调整等操作。

主播视角的测试包括许多操作，如直播间介绍、封面设置、直播预告、录制权限设置、直播间送礼等付费功能的开启或关闭、直播可见范围设置、语音评论权限设置、敏感词设置、管理员设置、红包发放权限设置、观众匿名设置等，这些功能都需要主播在开播前按需设置完成。

②用户视角：主播需要以用户身份注册直播账号，进入直播间观看，从普通用户的角度观察直播界面，如果发现问题需要及时优化。

用户视角的测试比较简单，主播进入直播间后可以查看直播画面、声音、弹幕等情况，确定没有问题后，即可完成测试。

活动三：直播前的引流预告

直播引流，即直播团队通过一些方式为直播预热，让用户提前了解直播的内容，以便对直播感兴趣的用户在直播开始后进入直播间，增加直播间的在线人数。

直播引流渠道，有私域流量渠道和公域流量渠道之分。直播团队可以通过在私域流量渠道和公域流量渠道共同进行直播宣传，快速提升直播活动的热度。

1. 私域流量渠道

直播团队可以进行直播引流的私域流量渠道有电子商务平台店铺、微信公众号、微信朋友圈和社群。

（1）电子商务平台店铺。

拥有淘宝店铺（含天猫店铺）、京东店铺、拼多多店铺等电子商务平台店铺的直播团队，可以在店铺首页、商品页、商品详情页等宣传直播信息，以便关注店铺的平台用户了解直播信息。

（2）微信公众号。

直播团队可以在微信公众号中以长图文的形式介绍直播信息，同时插入贴片或海报，更清楚地说明直播的时间和主题。

（3）微信朋友圈。

直播团队可以在每个成员的微信朋友圈发布与直播相关的图文动态，作为直播预告。

（4）社群。

直播团队可以创建自己的粉丝群，在开播前，将直播开播信息发布到粉丝群内，以引导粉丝到直播间观看直播。预告方式可以是短视频，也可以是宣传图，还可以是文字。

2. 公域流量渠道

公域流量渠道，即平台渠道。常用的公域流量渠道包括抖音、快手、视频号等短视频平台，以及微博平台。

（1）短视频平台。

在开播前3小时，直播团队可以在抖音、快手、视频号等短视频平台发布短视频来预告直播信息。利用短视频发布直播预告的方式主要有以下两种。

①由"常规的短视频内容+直播预告信息"制成的短视频，即直播团队发布含有直播信息的短视频。

②以直播预告为主要内容的短视频，即"纯直播预告式"的短视频。

（2）微博平台。

一些电子商务平台的主播可以在微博平台进行直播宣传预热，从而吸引微博用户到直播间观看直播。

活动四：直播常用话术

1. 常用的直播开场话术

"欢迎大家来到我的直播间，主播是直播新人，希望大家多多支持，多多捧场哦。"

"大家好，我是一名新主播，今天是我直播的第××天，感谢大家对我的支持。"

"欢迎大家来到我的直播间，今天直播间的优惠史无前例，一定不要错过了哟！"

"大家好，我们是厂家自播，没有中间商赚差价，我们会给你难以想象的折扣。"

"大家好，欢迎来到××直播间，主播深耕××行业××年了，有丰富的资源，直播间内所有的商品我都会自己试用后再推荐给大家，请大家放心。"

2. 常用的引导消费者关注的话术

"欢迎××来到我的直播间，喜欢主播的点个关注哦！"

"欢迎××来到直播间，想要更多福利的点个关注哦！"

"刚进来的小伙伴可以先点主播的关注。"

"关注人数达到×××，主播就开始抽奖了！想要抽大礼的宝宝快快动动手指关注起来！"

"大家晚上好，喜欢我的朋友们请动动你们的小手，点一下关注，这样就可以随时随地来看我的直播啦！主播每天都在这里等你哦！"

3. 常用的留存消费者的话术

"恭喜××中奖了！太幸运了吧！赶紧点击左下角的购物袋，联系客服领取奖品！没有抽中奖品的宝宝也不要走开，直播最后会抽'0元拍免单'大奖！"

"下一次抽奖将在××分钟后进行！会送出××大礼！大家千万不要走开！"

"欢迎刚来的小伙伴，点击关注主播，关注人数达到200人我就发红包，点赞数够1万，也会发红包。"

"小伙伴们，20∶00我们有发红包活动，21∶00我们有秒杀活动哦！"

"下面这套衣服非常显瘦显白，而且价格也很便宜。"

4. 常用的促进商品转化的话术

"这个商品我自己也在用，真的特别好用！"

"这款商品之前在××（平台）已经卖了10万套！"

"这款商品采用××材质，经过××认证，年产量只有×××，非常难得！"

"购买我家的商品，如果买贵了，15天内可以退差价，退货时免收运费。"

"最后5件了，喜欢的宝宝抓紧拍。这款商品在××旗舰店的价格是99元1瓶，今天在我们的直播间买一送一，99元就可以买到2瓶。"

"今天这个商品数量有限，只有100件，喜欢的宝宝们赶紧下单！"

【练一练】

本次练一练将基于一款冰肌粉底液的特点，完成表9-5的话术设计。

（1）热销商品，名人同款。

（2）质地细腻，轻薄自然，遮瑕力极强。

（3）流动性强，滋润，不油腻。

（4）含喜马拉雅冰川水、丹参精华等养肤成分，可以有效保持妆容滋润度和持久度。

表 9-5　直播话术设计

步骤	话术设计
提出问题	
引入商品	
商品详解	
促成下单	

活动五：直播复盘

直播的结束，并不是一场直播活动的终点，直播团队还需要进行直播复盘。每个直播团队，都需要养成定时复盘的习惯。具体可以在主播状态、团队配合、直播数据、消费评价、直播间流量变化、话术、平台规则中去找原因，总结经验，进行改善。

1. 总结主播状态

主播是直面消费者的第一人，主播直播时的状态、临场发挥情况，会对直播质量和效果产生直接的影响，如果主播状态不佳，则可能出现直播间人数激增时无法承接流量、掌控不好直播间节奏、消费者提出专业问题无法及时回答、商品介绍缺乏吸引力等问题。

基于以上种种问题，总结主播状态时，首先要看主播是否重视本场直播，开播前是否做好了充足准备，是否充分了解商品的卖点信息，是否熟悉直播脚本与话术，以及妆容和穿着是否适宜。其次还应分析直播过程中主播的精神状态是否饱满，注意力是否集中，是否与消费者积极互动等。

2. 总结团队配合情况

分析副播是否存在激情不足、与主播配合不佳、商品细节展示不清晰、问题回复或者解决不及时等问题。

分析助理是否存在推广引流人群不精准、道具准备错误、与主播的互动不及时、声音不够洪亮等问题。

分析场控是否存在商品上下架操作失误、优惠券发放不及时、库存数量修改错误、实时问题出现后没有进行记录等问题。

分析策划是否存在商品吸引力不足、商品要点归纳不足、预估直播数据出现偏差、对直播突发状况未做出有效判断等问题。

3. 分析直播销售数据

数据能充分体现直播带货的效果，直播间的销售效果与选品策略、价格策略紧密相关，直播间的高销量商品可以反映消费者的购买意愿，指导下次选品和定价。销售数也能体现主播的直播带货能力，但是需要综合分析直播间在一段时间内的数据走向。如果直播间在一段时间内的销售数据出现下滑的趋势，就要找出原因，尽快调整策略。

4. 汇总直播间消费者评论

直播团队通过汇总直播间消费者的评论，一方面，有助于了解消费者感兴趣的话题，以便在下次直播时能够"有的放矢"；另一方面，在主播讲解商品的环节中，通过消费者对各商品的咨询情况，可以了解哪些商品受欢迎，下次直播时可重点推荐这类商品，增加消费者的下单转化率。另外，通过消费者的反馈信息（如消费者主动要求主播推荐什么商品），还可以了解其感兴趣的商品，为主播的直播选品提供参考。

5. 回顾直播间人气变化

直播团队通过回顾直播间的人气变化，结合直播间进场人数和在线人数等数据，可以分析哪个时间段进入直播间的人数较多、在线消费者人数较多等，从而分析什么话术和直播形式更受消费者欢迎。或者根据直播间消费者流失的数据，分析大量消费者离开直播间的原因。

6. 整理开场话术

开场话术有以下几种表述方式。

（1）我是主播××，吹拉弹唱样样强，还有一身正能量，感谢大家前来捧场。

（2）大家晚上好！搞笑主播又回来啦，喜欢我的朋友们请动动你们的小手，点击我的头像进行关注，这样就可以随时随地来看我的直播啦！主播每天都在这里等你哦。

（3）欢迎刚进入直播间的小伙伴们，一定不要走哦，错过了这次福利，可能就要等到明年了哟。

（4）非常感谢所有停留在我直播间的粉丝们，我每天的直播时间是××点至××点，风雨不改，没点关注的朋友记得点关注，点了关注的朋友记得每天准时来哦。

7. 理解平台规则

平台规则会对直播间的权重产生一定影响，因此直播团队在进行直播复盘时，应准确理解平台规则，如理解直播平台的流量推荐规则，熟悉直播平台违规内容规定等，以便更好地利用直播平台的推荐机制，获得更多精确的流量。

实战演练

使用蝉妈妈查看服饰内衣分类下的热门商品，并查看与分析自己运营的抖音账号的直播数据。通过本次实战演练，同学们应掌握蝉妈妈的基本操作，了解第三方数据分析工具的操作思路，掌握通过第三方数据分析工具分析直播数据的基本方法。演练步骤如下。

（1）打开蝉妈妈官方网站，注册账号并登录，单击左上方的"抖音数据"超链接，进入"蝉妈妈抖音版"页面。

（2）将鼠标指针移到"直播"超链接上，在打开的列表中单击"直播商品榜"超链接。

（3）打开"直播商品榜"页面，在"分类"栏中单击"服饰内衣"超链接，在日期栏中单击"周榜"超链接，查看商品热销榜单。

（4）在蝉妈妈网站首页输入自己运营的抖音账号昵称，单击"搜索"按钮，在搜索结果中单击自己的抖音账号对应的图像或昵称超链接。

（5）进入账号的数据分析主页，查看直播、带货、粉丝等维度的数据，并进行相应分析。

项目评价

请将评价填入表 9-6 中，达标画"√"，未达标画"×"。

表 9-6　学习自评

序号	自评知识点	佐证	达标	未达标
1	直播平台的分类	能够准确分类		
2	常见直播平台	能够说出四个		
3	直播策划	包含哪几个方面		
序号	自评技能点	佐证	达标	未达标
4	直播平台规则	能够了解各大平台直播规则		
5	数据分析	能够分析判断直播间数据		
序号	自评素质点	佐证	达标	未达标
6	创新意识	能够结合市场变化不断创新运营方式		
7	职业道德	遵守直播运营人员职业道德		
8	遵纪守法	遵纪守法，诚信经营		

思考练习

一、简答题

1. 直播平台有几种分类？
2. 直播策划的步骤有哪些？

二、实训题

策划直播主题。

步骤 1：四人为一组，讨论分析组织一场直播需要做哪些前期策划活动；

步骤 2：结合本地特色产业，策划一场主题直播活动，分析主题的意义和特色；

步骤 3：将小组讨论的结果填入下方横线上，完成后派一名代表分享小组观点。

直播主题：_____

_____

_____

直播产品:_____
_____
_____

优势特色:_____
_____
_____
_____
_____